崖の上の家

父なるものの凋落と復活

水田宗子

明石書店

崖の上の家——父なるものの凋落と復活

目次

はじめに　7
第一章　家の記憶　11
第二章　田端の家――父の気配　27
第三章　竜島（勝山）の家　47
第四章　曽呂村の家――父の生家　87
第五章　館山の家――政治家の娘　97

第六章　東片町の家　125
第七章　西片町の家（一）――「父なるもの」の凋落と回復　147
第八章　西片町の家（二）――高校から大学時代へ　183
第九章　西片町の家（三）――大学院時代　227
おわりに　出発　237

はじめに

　この私的回想エッセイは、一九三七年生まれの私が、戦中と敗戦後に住んだ家の思い出を中心とした幼年、少女時代の記憶を辿るエッセイであるが、それは、子供の目に映る父と母の敗戦後の生き方の変容についての回想でもある。日中戦争が始まった年に生まれた私は、時代が太平洋戦争へ急速に進展していく時期に東京台東区の田端（渡辺町）の家で記憶に残る幼年期の初期を過ごし、その後千葉県安房郡勝山町（現鋸南町）に疎開してそこで小学校に上がり、記憶の中の幼年期の大部分を海辺の街で過ごした。その後は同じ房総の館山市に移り、少女時代の始まりと、敗戦直後を南房総の中心的地方都市で送った。東京に帰るのは一九四八年で、焼け野原の東京で、本郷の焼け残った東片町の一軒家の一階を借りて住み、その後は、近隣の西片町に父母が家を買って、そこから中学校に通うようになった。タイトルの「崖の上の家」は、夏目漱石の『門』から連想してつけた。漱石が『門』を構想したのも西片町で、崖の下には主人公の宗助と御米が住んでいて、崖の上には大家さんの家があるというのが小説の背景である。

私の家の回想は、学生時代には平和運動をしていた父が、戦争末期には特高に見張られながら政治とは関係なく生きていた姿や、疎開中の母の生き生きとしたリーダーシップを発揮しての生活、そして戦後の父の占領軍との交渉から始まる若い政治家としての日本の復興を目指す政治家の姿など、子供の目という限られた視野で見えたものから始まる。

敗戦は日本男性にとっては国家として、また男性的自我にとっての屈辱であり、家父長としての権力と権限の消滅であり、また、家父長制度によって維持されてきた「父なるもの」の凋落の時代でもあった。その一方で、敗戦は家父長制によって奥に閉じ込められた女性たちにとっては、人権も市民権も持たない、男女不平等の抑圧的制度と生活からの解放だったのである。社会的にも職業の幅が極端に狭く、参政権を持たない女性たちは、社会的な貢献を全くと言っていいほど期待されていなかった。しかし男性が戦地に召集されていく中で、女性が生活のリーダーとなり、戦中の社会生活は女性の力によって保たれていた。戦争とは女性にとって自らの力を認識する契機でもあったのである。

しかし、戦後の急速な復興の中で、男性的力は国力の復興とともに復活し、反対に女性は、家父長制家族ではないが、それと同じ価値観、ジェンダー観にもとづく性役割分担が明確に定着していく核家族が中心となった家族に、専業主婦として再び封じ込められることになっていった。

西片町の家は、その過程が子供の目にも明らかになっていく家族の場であり、戦後の男女のあり方の変容の場でもあった。母は敗戦時まだ三十二歳であったから、自立したキャリアの道を選ぶことも可能であったはずである。それでも、母だけではなく、家庭に留まったほとんどの戦後の女性たちは、社会的には家庭への封じ込めが厳しくなっていく中でも、精神的自立と自由への欲求は増幅していったのであり、戦後は女性にとっても大きなチャレンジの時代となっていったのである。

ここでは、私は大学院時代まで過ごした西片町の家から、アメリカの大学院へと旅立っていくまでを回想している。このエッセイは、戦争を知り、戦中の東京を子供時代に知っている世代の一人として、そして戦後の日本精神の分断、ジェンダーの分断を自分の成長と重ね合わせて経験してきた女性の一人として、幼年時からの成長期を振り返ることで、消滅した家の記憶とともに戦後日本の変容の深層を辿る試みである。

第一章　家の記憶

川端康成の『山の音』は戦後の伝統的な家父長としての「父の力」の凋落を描いている小説である。主人公の信吾は戦争から帰ってきた長男が東京に女を作っているらしく、嫁の菊子を構わず外泊を続けることに心を痛めて、なんとか息子の反省を促そうとする。嫁に行った娘の房子も、子供を抱えて実家へ帰ってきてしまい、信吾は父として彼らの家庭関係を修復する責任を感じている。信吾は東京に出て修一の愛人である戦争未亡人に会うが、ミシン仕事で生計を立てている彼女もまた、戦争で心に傷を持った者であることを知り、息子との関係は精神の荒んだ二人の、いわば、傷を舐め合うような、生き残りのための関係であることを知る。おとなしく純真な嫁の菊子は、信吾の夢の女性像を彷彿させるが、その菊子は誰にも相談することなく孕んだ修一の子供を「堕ろす」決意をし、実家に帰ることを決める。

深夜山の音を聞く信吾が、近づく死を感じるという、老いの文学であるこの小説は、信吾個人の人生の終わりとともに、家父長として生きてきた役割を果たす力の消滅、そして、戦前まで続いた家父長制家族の終焉を信吾が身を以て感じる物語でもある。無力な父としての諦めと寂しさが、山の音の中に聞こえている。

『山の音』の家は鎌倉にあり、そこは東京とは別世界である。空襲に遭わなかったその家は、家父長制制度の中で、慎ましやかであっても、つつがなく機能してきた家族と家庭のあり方を表徴する日本家屋である。焼けただれた大都市に闇市が広がり、焼け残った路地のアパートや傷痍軍人が物乞いをする大通り、進駐軍が日本人娼婦を連れて闊歩するＧＨＱやＰＸ（a post exchange：米陸軍兵のための日常品、食品マーケット）のある有楽町界隈などなど、戦争直後の東京は修一の心の荒廃と傷を表象する風景である。その対比が、鎌倉の家と、戦争未亡人のミシンを踏むアパートの部屋との対比でさらに鮮明に浮き彫りにされる。

戦後まず手がけられた新憲法の制定では、家父長制家族制度がなくなり、家族の一員としてではなく、個人としての権利が家庭内でも認められるようになった。家父長としての父の力、それを支える価値観としての「父なるもの」は、家族と家庭における役割と、その責任も含めて、権力を喪失したのである。

川端康成とそれほど年の違わない私の父の直接的な敗戦経験もまた、家父長制家族の住処として定着してきた日本家屋を消失して、焼け残った地域の貸家住まいをするという、直接的な暮らし方の変化の経験であった。父は、戦後は日本の復興に力を注ぐ政治家としての人生を歩むのだが、それだけに強く憲法や民法による女性や家族の変容、個人の権利の保護などの戦後の生き方の価値観の変容、社会制度の整備の必要性、人々の意識の遅れなど、考えることが多かったであろうことは、娘である私にも感じるところが多々あった。

家父長制家族社会は建物としての家が特徴をつくる街の風景を作り出してきた。

家父長制が封建制度の根底を支える制度として置かれてきた江戸時代を通して、街の風景は大名の城を中心に、武家屋敷地区、寺町、蔵町、商人街、職人街、歓楽街など、身分と職業による区域が分けられていて、それぞれの領域は、職業に沿った建物によって特徴ある風景が、まず作られる。そこで営まれる仕事も、また、生活様式も、建物や家を、その形や規模や様式を見るだけで想像できる。

そのような家屋や建物が並ぶ街の風景は西欧ではあまり見かけない。教会がずらりと立ち並ぶなどという風景はほとんど見たことがない。都会と田舎と郊外の風景、工場地帯、駅を中心としたサービス地域、そして特にアメリカで特徴的なハイウェイを中心としたガソリンスタンドや簡易食堂が立ち並ぶ風景などは浮かんでくるが、昔の日本のような職業による家屋や建物の様式の違いは、家父長制家族を土台にした封建社会の街の風景の特徴である。アメリカ南部のマンションがそれをかろうじて残している。

西欧社会で目立つのは人種による居住区域の区別が歴然として存在していることだ。中でも、黒人、ユダヤ人、アラブ人等差別を受けてきた人種が、ゲットーと呼ばれる隔離された場所にまとまって住むことを強いられてきた歴史が今でも残っている。日本でも被差別部落や在日コリアンについて類似した現象が見られたが、それは近代化とともに明らかな地域的分化ではなくなり、水面下の地域化、メンタルなゲットーとなって残っている。

ゲットーは隔離政策の結果だが、同時に人種区別は、食生活を含む民族文化の特徴を保ち、伝統を維持することに貢献してきた。チャイナタウンはその好例であるが、差別を受けている人種や民族でなくても、言語と食生活を中心にコミュニティを作って独自の生活圏を作り、生活文化だけではなく、さらに幅広い、言語や宗教を含む民族文化を維持してきている。テリトリーという言葉には、自分たちのもの、という意味があり、植民地に目を向ければ、その文化・社会的なテリトリアリゼーションは複雑で奥深い意味性を有している。

戦前の東京は明治以後の近代化、西欧化の流れの中で大きく変わったので、街の地域化は江戸時代と比べてはるかに複雑になり、人口の流動化によって、封建時代のような歴然とした地域化が目立たなくなってきた。第一次世界大戦後の東京、そして関東大震災以後の東京は、江戸の雰囲気を急速になくして、「都市生活」を焦点とする街づくりが目立ってくる。山手や下町の区分、住宅地と工場、職人街、オフィス街、繁華街など、住居と職業がほぼ一致した居住様式を持っていた時代から、住と仕事の分離が、街の風景に反映されてくるようになった。サラリーマンを主とした都市中産階級、地方から労働者として上京してくる人口の急速な増大、大学街（医者、大学教授、学生、文人など）、新興繁華街などがその変貌の主役である。

私が生まれたのは大田区（当時は大森区）馬込というところだが、その当時は作家や詩人、文人、そして外国人などの住む新興住宅地で、文士村と言われていたところだ。私の母方の祖父母家族がそこに住んでいたのだが、母は結婚して実家の近くに家を借りていて、そこで姉と私が生まれている。父は千葉県の鴨川市の出身で、東京には家を持っていなかったので、母の実家の近くに住むことで、何かと生活の世話になっていたのだった。当時父は大学を卒業して、職がなかったのだが、祖父に見込まれて、その娘と結婚し、それからは東京市に勤めるようになっていた。父は大学在学中に、河上肇先生に師事して、平和運動、民主主義運動に深く関わっていた。

馬込から私たち家族は田端に引っ越しをした。そこは渡辺町と言って、千駄木町と田端駅に挟まれ、それぞれからの坂道を上っていった高台が小ぶりだが瀟洒な住宅地となっていた地域である。その区域には岩崎家の家や、陸軍大将、画家の石井柏亭などが住んでいて、私たちの前には石垣に囲まれた大きなお屋敷があった。ここが、母の実家に頼らずに、父が自分の甲斐性で購入した初めての家である。父は東京市を辞めて鋼板工場会社の設立に参加し、経営に携わっていた。

この渡辺町の家が私の最も古い記憶の中の家となった。確か私が三歳になる前頃だったと思うので、支那事変がすでに起こっていて国全体は緊張状態にあったと思うが、市民や国民の意識はまだ危機感の薄い時期だったと思う。太平洋戦争が始まると、まだ空襲などの起きていない早い時期に、私たち母と娘は、千葉県の勝山町へ疎開をする。現在は細かいことを確かめられる人がそばにいないので、正確ではないが、一九四三年の暮れか秋頃だったと思う。

疎開先の家は父の旧友の貸してくれた小さな家で、ここも家父長である父の才覚で持った家でないことは明らかだった。父は終戦まで東京の家に住み続け、仕事を続けていた。渡辺町の家は母にとっては最初の自分の家、そして私にとっても、幼年時代の唯一の東京の家だった。

戦前女性は特別な場合を除いて家長にはなれなかったから、家族の家は父の家、夫の家という意味を持っていた。養子や資産家の次男、三男の場合、財産分けをしてもらわない限り、男性は父となるにあたって、自分の力で、自分の家を、住居として、また自分の資産としても持たなければならない。家を持つとは家族を作る、つまり、子供を作ることを前提としているのが、家父長制家族なのである。田端（渡辺町）の家はその意味で子供たちが住み、上京してくる父の親族が住むための家という意味合いを大きく根底に持っていたのである。事実、引っ越しをした直後から、父の弟、そして次には甥が、大学進学のために私たち家族と一緒に住むようになった。

渡辺町の家は三百坪ほどの敷地で、庭と裏には小さな貸家がついていた。近辺の家に比べればごく小さな、特別に目立つことのない家だったが、千駄木から坂を上ってくるその坂道が見渡せる場所に建っていて、私が当時通っていた「ひぐらし幼稚園」から姉に手を引かれて帰ってくると、大学生の叔父が二階の部屋の欄干から帰りを待っていてくれるのが楽しみだった。二階に部屋が三部屋と納戸があるかなりゆったりとした家だった。

今でも間取りを正確に描くことができるその家は、私の戦前の幼年時代の記憶のほとんど全てを占めている。門を入ると玄関まで、その左右を八手の木などでしつらえた、石の敷いてある道が続いている。玄関を入ると右手の廊下が父の書斎の洋間につながり、さらにその廊下を左に折れて、女中部屋が二室、そしてその先の風呂場と台所へ続いている。玄関から左へ廊下を行くと、そのまま行けば離れに行くが、右に曲がると客間があり、次に父母の居間とその次に茶の間へとつながる。その奥手には台所と風呂場がある。客間、居間、茶の間は庭に面していて、日本風の庭が南側一面に広がる。二階には十畳ほどの比較的大きな部屋と、八畳、六畳の部屋があり、私は二階で昼寝をさせられるのがとても嫌だったことを覚えている。

敗戦後の新憲法制定によって家父長制は法律上は廃止された。敗戦は、男性にとっては、家父長として、そして日本国民として屈辱的な出来事で、それは男性的自我に対する陵辱であったが、女性にとっては、人間として男性と同じ人権と市民権を持つことが可能になった新時代の幕開けであり、自我への傷ではなく、自我の解放、男性的思考と制度の抑圧からの脱却の始まりとして受け止められたのである。

しかし、渡辺町の家時代は戦争中であり、明治憲法下の社会であったから、母をはじめとする女性一般は、自分の家を持つことはできず、家といえば、両親の家か夫の家を意味していた。それでも渡辺町の家は確かに母の家でもあった。大正時代から急速に進む都市化、そして都市中産階級の増加によって、都会で働く夫とともに、実家とは別の夫婦の家を持つことが一般的になっていった。渡辺町の家には父の弟やその息子たちが常にいたと言っても、姑や小姑のいる家ではなかった。嫁入りしたといっても、夫と二人の比較的自由な居場所としての家であり、生活苦に喘がない限り、家事は女中さんに任せて、自分のしたいことができる環境であった。事実母が家事をしている姿や、私たちの世話をしてくれた記憶はぼんやりとしていて定かではない。

父は朝早くから仕事に出たので、幼い私たち姉妹は家で父と過ごすことが少なく、それだけに家にいる父の思い出は少ないが、それでもはしかに罹った私たち姉妹が寝ている離れに、父が「どうだ?」と様子を見に来た時のことなど、鮮明な記憶となっている。母と過ごした記憶もまた多いわけではない。この家で住んだ年月が短いことと、私が幼かったこともあるだろう。母もまた、いろいろなことで家を出ていることが多かったのだと思う。矢絣の着物を着て大森の実家を訪ねる母と山手線の電車に乗った記憶ははっきりと残っている。母が大森駅前でお菓子を買うのも楽しみだった。母がいつも日傘を持っていたことなども思い出の中の風景を作っている。二十代後半の母はどう見ても、女学校出の、都会生活者の家庭の若い主婦の姿だったと思う。

私のそこでの生活の思い出は父と母ではない人たちとの日常の時間の記憶で、三人の田舎出のねえやさん、姉、そして叔父たち、近くの友達、天津から帰ってくる度に会う従兄弟たちなどが、主な記憶の中の生活の場面となって残っている。家の前の陸軍大将の家族には女の子が二人いて、毎日のように私たちは一緒に遊んだ。特に下の女の子とは同じ幼稚園へ通っていたこともあって、私はその子の家と自分の家を行き来してはビー玉やおはじき、縄跳びなどをして遊んだ思い出がいっぱいある。幼稚園での思い出はあまり鮮明ではないが、その友達の家の中のこと、家の前の道路のことなどは今でも描くことができる鮮明さで残っている。幼児期の思い出は父や母があまり登場しない「父の家」を舞台に、その内外の狭い範囲での日常生活の記憶の断片で成り立っている。

母の実家は、群馬から出て東京の大学を卒業した官吏の祖父と、同じく群馬で教員をしていた祖母とその子供五人の核家族であり、典型的な都市型中産階級の家庭生活を送ってきた家族である。子供たちを大学へ行かせるための教育を徹底して行ったことや、俳句や茶道一家であること、逓信省勤務の祖父がヨーロッパ諸国や清朝時代の中国、植民地時代の台湾などへ出張や勤務することが多い、いわばグローバル感覚も持つ、ハイカラ文人趣味の雰囲気を持つ一家だった。

一方で父は、千葉県南房総の田舎の地主で、代々小さな村の村長を務める家の三男坊だった。家は継がないが、兄弟、親戚一族の多い中で、教育を受けさせてもらった者は彼ら皆の面倒を見るという意識や責任感を自然に心に持って育ったのだと思う。父が京都の大学へ行く時の費用を千葉県の大地主に嫁いでいた姉が持ったということだし、父が弟たちの教育に、またその家族の者たちの面倒を見るのは当然のことだったのだと思う。母はよく、新婚旅行から帰ってきたら、もう叔父が家に住んでいた、と話していたが、私の幼い時はその叔父たちが、家族の生活の一部となっていて、遊び相手でもあった。私の家族にはこのように都市核家族と田舎の家父長制家族の実態と意識が混じり合っていたのであるが、それはある意味で、当時の都市生活者、都市中産階級家族に共通するものだったのではないかと思う。

渡辺町の家にはねえやさんや親族が住むだけの広さがあったが、敗戦直後、焼け残った東大界隈の東片町の二間だけの借り家に父と母が住んだ時にも、引き揚げてきた親族が一緒に住むことになったのだから、家父長制家族制度が形成した家族意識がいかに深く人々の内面をも形成してきたかということの表れなのだろう。家の広さは関係ないのだ。

三月十日の空爆で、この渡辺町の家には三十八発の焼夷弾が落とされて全焼した。この小ぶりな高台の住宅地一帯は焼け野原になった。その時私たちはすでに勝山町に疎開していたし、父は都外に出ていた。大学に通っていた従兄が祖母の家まで歩いて逃げた時、毛布一枚とそばにあった蓄音機を持って出たという話に私はいつも感心した。従兄は手に大火傷を負ったが、蓄音機は無事勝山に届けられて、それからずっと私たちは母がどこからか買ってきた英語の歌のレコードをその蓄音機にかけて聴いた。その歌、'Three Little Mice は今でも歌うことができる。

敗戦後せっかくの「父の家」は消滅して、父と母はまた家がなくなった。

父は戦後衆議院議員に立候補したので、勝山から南房総の中心都市館山市に拠点を移すことにし、父母は東京に帰って私たち姉妹は戦争末期から同居していた母方の祖父母に育てられることになった。

父と母が家を借りた文京区東片町は東大農学部前の本郷通りからほんの少し入った一

帯で、戦災を免れた、小さなしもた屋が軒を接して、立ち並ぶところだった。父はそこから都電に乗って国会へ通ったが、さすが借屋住まいは手狭になって一九五〇年頃、近くの西片町に家を買って移り住んだ。それでやっと父はまた家という象徴物を持つ一家の支えとなる家父長の位置を挽回したのである。渡辺町での生活は、激動の時代とはいえ、戦前、戦中の面影を色濃く残す生活の場であったが、次第に戦争の足音が聞こえてくる緊急時代への突入時期でもあって、私の記憶の中でもそれは様々な思い出となって刻まれている。父にとっての初めての持ち家は、敵の爆弾によって木っ端微塵になったが、敗戦後の借り家生活もまた、家父長としての惨めな敗北の味を味わわせたのではないだろうか。

東片町の生活では、父の姿がいつもあった。戦後のまだ占領時代で、連合軍司令部が日本の復興を指揮し、政治を大きく支配していた時代である。戦争犯罪やレッドパージで古くからの政治家がいない国会で、若くても父はすぐに要職につき、連合軍との交渉に立たされることが多くあったという。家に帰り、夕食を済ますや否や横になって寝てしまう姿や、一日中訪ねてくる郷里の人たちを相手に囲碁を打っている姿が印象的だった。家でお酒を飲む父の姿を見たのもその時期だけだったし、父が寄席に連れていってくれたりしたのも、西片町に移ってからはあまりないことだった。そしてそのような小さな借り家での父との日常は一九五〇年代に入ると急速になくなっていった。日本の高度経済発展と戦後の荒廃からの復興は、家父長の自信と権威をも復興させたかのように思えた。

第二章

田端の家——父の気配

私の幼年時代の最初の記憶は「田端の家」と私たちが呼んでいた、田端の駅から坂を上がった渡辺町にあった家での思い出である。私が生まれたのは一九三七年だから、幼年時代は日中戦争とともに始まったのであり、一九四三年の暮れに千葉県安房郡勝山町へ疎開して、そこで小学校に上がるまでの、幼年期を渡辺町の家で過ごした。

その時期は父が東京市勤務を辞めて、カーテンレールなどのビルや住宅建設の部品を製造する工業会社を始めた時期であり、それが思いもかけず戦争のための軍需鉄鋼品の生産を余儀なくさせられることになった。父が会社の設立に加わったのは、東北大学を卒業したばかりの母の弟が結婚した女性の父親が、会社創業を熱心に誘ったからだと聞いている。その叔父の妻の松子叔母の家族は王子に住んでいて、私は母とともにそこを訪れた時の写真を持っている。

母は実に若くて、矢絣の着物を着て、日傘をさしている。私は三歳くらいだと思うが母の袂をしっかりと握っている。二人は王子、あるいは飛鳥山あたりの広い野原の中に立っていて、私たちの姿は二人だけポツンと遠景に写っている写真だった。その当時、王子付近はまだ新興住宅が立ち込む住宅街化しておらず、写真には、家は遠景にぼやけていて、草原がずっと奥の方まで広がっている。写真はもちろん白黒で、大変小さい。

私の記憶が実際に見た風景なのか、あるいはこの写真の風景が脳裏に記憶されたものなのかはよくわからないが、それが母の記憶の最も古いものであることは確かなように思う。家は空襲で丸焼けになったのだから、私の生まれた時からの写真などはほとんど残っていなかった。

田端の家は私が生まれた家ではなかったが、私が生まれた家と同じ心の内密な場所だった。過去を想う時、この家が心に浮かび、一人でいる実感が蘇る休息の夢想の場だった。そこでは私は幼く、王子と田端が溶け合った草原に囲まれた家にいるのだった。

もう一枚長く手元にあった写真で、記憶にも深く残っているのが、父の弟で早稲田大学の英文学部で英文学を専攻していた結叔父と銀座通りを歩いている風景である。叔父はコートに中折れ帽を被り、私は銀座の石畳の道を、飛び石しながら叔父の脇を歩いている。結叔父は大学を卒業後NHKに勤めたので、服装から考えても、その写真の時はすでに学生ではなかったのかもしれない。叔父は軽い肺浸潤があって、兵役を乙種不合格になってしまったと、大変悔しがったそうである。だんだんと学徒出陣も迫ってくる時代だった。戦線に出ていく友人たちを叔父は駅へ見送りに行き、その時にはいつも私を連れていった。私はその友人の一人が水兵さんの姿でいたことを、これは写真ではなく、はっきりと覚えている。その時の叔父はいつも学生服に角帽を被っていた。角帽を被った叔父の痩せた姿は私の中で止まったままでいる。

渡辺町での幼年時代は、この叔父と過ごした時間の記憶が最も鮮明なのである。私は「ひぐらし幼稚園」という、家から坂を下った「ひぐらし町」にある幼稚園へ行っていたが、そこでの記憶はほとんどない。ただ、姉に手を取られて帰ってくる時に、男の子たちから「のりこの体操、めちゃくちゃ体操」と囃し立てられたことを覚えているので、一番幼いクラスの私は他の子たちの体操についていけないほど体の動きが悪かったのだろう。結叔父は二階の欄干に座って私の帰りを必ず待っていてくれた。当時英文学を勉強していた叔父は私に英語の本を読んで聞かせてくれ、英語の単語やことわざを教えてくれた。何度も繰り返し言わされたので、as cool as cucumber（「キュウリのように涼しい」）という言い方を私はその頃からずっと覚えていた。結叔父は、確かにキュウリは触るとヒヤッとするが、「涼しいのは触った手だけではない、心が涼しくなるのだ」、と必ず説明するのだった。叔父の読んでくれた物語はロバート・ルイス・スティーブンスンの『宝島』だった。英語はちんぷんかんぷんであっただろうが、物語はしっかり覚えていた。幼い子供の想像力を掻き立てる物語だったのである。

叔父は戦争が激しくなる中で、友人は皆兵隊にとられ、学徒動員も進んでいるのに、自分だけ身の危険のない毎日を送っていることに、後ろめたい気持ちを持っていたのだと思う。大学へ行くことも次第に少なくなり、家で過ごすことが多くなっていた。国難迫る非常事態下の東京で、若い彼はおそらく鬱々としていたのではないだろうか。何もわからない幼い私の相手をして過ごすのが、気休めだったのかもしれない。私にとっては若い叔父の話は、別世界の不思議と刺激に満ちていて、叔父が大好きでいつもついて回っていたという。その別世界が私の日常であった。父や母が留守がちだったこともあって、私は叔父の見えない心の世界の住人であることが、現実感覚の希薄な幼い私の日常を形作っていたのだ。

この結叔父は父の父、水田信太郎と母、もとの七番目の子供、水田家の五男にあたり、父の長姉が館山市の九重水岡地域の地主の家、半沢家に嫁いでいたのだが、子供がいないことから、戦後半沢家の養子となっていった。NHKを辞めて千葉の実家に帰り、農地改革でほとんど田畑を失った元地主の「夫婦養子」になってしまってからは九重で英語教師をして暮らし、生涯二度と東京に出てくることはなかった。

父もまた大変な弱視だったので兵役を免れていた。結叔父と同じ丙種不合格だったのである。敗戦時父は三十九歳であったが、同い年の男性たちも、戦場に駆り出されるほどに戦状は厳しくなっていた。父は京都大学時代に河上肇先生のもとで、反戦運動をしていたので、この時期は公的にも、社会的にも発言や活動をすることは全くなかった。若い父もまた、色々と考えることの多かった時期だったのだと思う。父の内面など幼い私が感じ取る機会も力もなく、その上、父は子供の時間にはほとんど不在だったのである。

父の次兄の二輔伯父は中国上海の同文書院に学び、天津で海運会社を運営していた。父よりもさらに背が高く、体のがっしりとしたこの伯父は、幼い時から大変に威張っていたそうで、父も一目置いていたらしい。植民地時代の天津の、世界へ向いて開かれた良好な港で、日本をはじめ世界の国々へ物資を運ぶ運輸会社を経営していたのだから、大変羽振りも良かったのである。天津では大きな家に多くの使用人を雇って贅沢な暮らしをしていたと聞いている。母は陰ではいつも「海賊おじさん」と呼んでいた。この伯父一家はのちに敗戦とともに風呂敷包みを背負って引き揚げてきて、しばらく館山の家で父母と一緒に住むことになった。

伯父一家が、四人の子供たちを連れての里帰りで日本に帰ってくる時は、必ず田端の私たちの家に泊まったが、チョコレートをはじめお菓子を山ほどお土産に持ってきてくれたことが忘れられない。三歳年上の姉はお菓子の味を知っていたが、日中戦争勃発の年生まれの私はほとんど甘いものを食べたことがなかった。そのお菓子を近所の子供たちと分け合って食べるのは、どこか宝島から持ち帰ってきた宝を、皆に分け与えているような、贅沢で、得意な気持ちがした。

渡辺町は狭いが閑静な高台の住宅地で、石井柏亭画伯がすぐ近所に「美しいお姉さん」の娘さんたちと住んでいられた。私たちの家の斜め前は高崎さんという陸軍か海軍大将の家で、立派な軍服を着て、黒塗りの車で出勤する「お父様」の姿を見たことを覚えている。私たちの父は家にいる時はいつも浴衣と丹前姿で、父の仕事の現場も、また改まった服を着て仕事に出かける姿も見たことがなかったように思う。

高崎家には姉と同い年と私と同い年の二人の小さな女の子がいて、私の一番の遊び相手だった。大変利発なお姉さんの恵子ちゃんとおっとりとした妹の邦子ちゃんで、毎日のようにお互いの家の前で「のりこちゃん遊びましょ」「くにこちゃん遊びましょ」と呼び声をかけては遊んでいたものだった。あまりしつこく呼び合うので、お母様やお手伝いさんに、「あとで」と家の中からそっけなくあしらわれたことも、お互いにあったほどである。このふた組の姉妹同士はなぜか家の前の石畳で遊ぶことが多かったらしい。家を隔てる道路は、行き止まりのようなもので、その先は細い、急な石の階段が、田端駅の方へと下りていく。道と玄関先は、格好の遊び場だったのだろう。家の中でおはじきをしたり、互いの部屋を散らかして遊んだ記憶もあるが、石畳で遊ぶ幼児たちの風景は、私の幼年時代の原風景となっている。

高崎家の隣の家は土塀の続く大きな屋敷で、確か貿易商の家ということだった。そこの庭に遊び友達の男の子と忍び込んだことがあった。どのようにして入ったのかはよく覚えていないのだが、お年寄りの女性が芝生の広い庭で、くつろいでいた。西欧風のテーブルにはレースがかけられていて、婦人と言うにふさわしいその人はお茶を飲んでいた。私たちにビスケットをくれて、叱ることもなく優しかった。冒険に満ちた悪戯のつもりが、急に悪いことをしたような気になって、ビスケットを食べたことを覚えている。その道の角には岩崎家の親戚が住んでいるということで、門の前に広い車寄せがあった。そこではいつも石蹴りなどをして遊び、伯父一家のチョコレートを分けたのもそこだった。

家の裏の貸家にはお医者さんが住んでいた。病気がちの姉のために、その先生はちょくちょく家に来てくれて、私たちも仲良しになった。近所に住む中年の女性のことを、私がおめかけさんのおばさん、と言って先生をはじめ皆が笑ったのを覚えている。その人はめがねをかけていたのである。その女性には青年の息子さんが一人いたが、作家だということだった。ずっと後になって、石井柏亭さんの娘さんが編集した冊子で作品を読んだと記憶しているが、どのような話だったかは覚えていない。

しかしなんといっても私にとってのこの渡辺町時代の一大事件は、母の留守に私が針を踏んで手術を受けなければならなかったことであった。姉とともに留守番をしていた私は、お手伝いさんがお裁縫をしている部屋に入り、その膝に乗ろうとして、膝の周りに広げられていた着物の仕付け針を踏んでしまったのだった。長い太い針が足の裏に入っていくつかに折れてしまい、取り出すことができなかったという。母が帰ってきた時には、私は巣鴨のとげぬき地蔵のお札を口いっぱいに詰め込まれて泣いていたそうである。それからが大騒ぎとなり、東大病院での長い手術でも針の先の部分が見つからないというので、母が院長に掛け合って執刀を依頼したらしい。針は体の中で動くので、放っておくのは危険なのだそうである。全身麻酔から覚めて母と結叔父の顔を見た時のことも記憶にある。目覚めて、随分吐いてしまったそうである。

私は手術に関しては何も覚えていないが、退院後にガーゼの取り替えに医者に連れていかれるのが大変嫌だった。毎回、結叔父が母に付き添って私を抱いて病院へ行ってくれたが、待合室に入ると必ず私が泣き出すので、困ったそうである。注意をそらそうとあれこれ話をしてくれていても、その場になると泣き出してダメだったと叔父は言っていた。おそらく痛い経験だったのだろう。赤いトサカの鶏を見たので気を惹こうとしたところ、「赤チンは嫌い」と言ったとかで、叔父はその話を私が大きくなってもよくしていた。この子は画家になる、色彩感覚が鋭いから、と叔父はいつも私の味方だった。

この事件は家族にとってはかなりのショックだったらしく、裁縫のねえやさんは、自分のせいではないのに泣きじゃくってばかりいたそうで、そのせいで辞めて田舎へ帰ってしまったという。母がいつも褒めていた、静やという人だった。その頃田舎へ帰った女性たちの働き場所はおいそれとなかったに違いない。母も姉もどこか責任を感じていたらしいが、父と叔父はとげぬき地蔵のお札を飲まされた私の姿を想像しては苦笑していたという。私は二番目の子で、病弱な姉と違い病気をしない子供だったこともあり、また男の子を期待されていたのに残念がられていたこともあって、あまり特別な注意を受けない、手のかからない、男の子のように放っておいてもいい子だったのが、それ以来は皆に大切にされて、中でも母は術後の湯治に湯河原温泉の旅館に私を連れていき、長い間滞在した。戦争中としては贅沢な、「非国民的」な行為だったのではないだろうか。

渡辺町時代には住み込みのお手伝いさんが常時三人いた。一人は母の手伝いが主で、食事も作っていた。あとの二人は姉と私の世話をする乳母の役割で、幼稚園の送り迎えやお風呂の世話などをしてくれていた。私のために田舎から出てきたのは当時十五歳のきやという女の子だったが、きやでは呼ぶ時に「きゃ！」と聞こえるからと、りつと呼ばれることになったという。家に来た時にトラホームという目の病気を患っていることがわかって、すぐに目医者通いとなった。幼い私の腕を引っ張って、肩が抜けてしまって騒ぎになったという事件もあり、母や年長のお手伝いさんたちからかなり厳しく叱られながら、だんだんとものがわかってきたという。東京の生活になかなか慣れなくて、買い物などで街に出るのが苦手だったという。飛鳥山公園はその当時も桜で有名だったが、家族でお花見に出かけた時、私をおぶったまま迷子になった。家の住所もわからなくて泣いているりっちゃんの背中で、幼い私が家の住所を警官に教えた、という話が家族のエピソードとして残っている。

無口で才走ったところの全くない、体の動きも鈍い「田舎の娘」そのもののりつだったが、ふた言目には「本当に手を焼かせる」と愚痴りながらも、結局母が疎開先に連れて行ったのは彼女だった。戦後の困窮時代も、高度成長期も、そして生涯、母は彼女と家族の世話をし続けた。りっちゃんは十五歳の時から私たちの家族の一員として大人になっていって、その生涯を水田の人たちとのつながりをなくすことなく過ごしたのである。

姉の世話をする乳母は和ちゃんと言って、千葉県館山市の旅館の娘で、女学校出の利発な女性だった。彼女はやがて父の会社に勤めていた人と結婚をして、憧れだったという都市サラリーマンの家庭生活を送るようになったのだが、すぐに夫が戦争にとられて、一歳の子供を残して戦死をした。彼女もまた、その後生涯水田家と切り離せない人生を送ることになった。

三歳年上の姉は渡辺町の家から千駄木小学校に入学した。しかしその後疎開することになり、勝山小学校に編入学した。私は姉の千駄木小学校時代の話をあまり聞いたことがないのか、記憶にないのだが、それは勝山での姉の学校生活についても同じだった。ただ、千駄木小学校の一年生受け持ちの先生が、家族の親しい友人となったこと、そしてその家族との交流は生涯続いた。その先生は中田先生と言って、ご夫婦とも先生だった。疎開先の勝山に一家の四人のお子さんのうち三人が一緒にしばらく住むことになった時期もあり、戦後も親しい付き合いが続いた。その私たちも含めた付き合いは、お子さんたちやお孫さんにまで続いたのである。長女の文子さんのお連れ合いは吉田瀰生さんという日本文学者で、のちに城西国際大学の設立に副学長として、私たちを支えてくださった。

三月十日の大空襲で渡辺町一帯は跡形もなく焼き尽くされ、財産を一夜にして失い、敗戦以前の三月には、すでに近隣の家族は皆どこかへ移っていったのだった。敗戦という大きな断絶にもかかわらず、渡辺町での知人や友人との交流が長く続いていったのは、昔は知人や友人たちが、場所を中心として、ごく限られた範囲と仕方で、深い絆を作っていたからだと思う。今のように一度に多くの人たちと交流ができるような「ソーシャルネットワーク」はなかったので、人との繋がりが、限られた血縁と地縁に依拠していたのだ。それだけにその関係や絆は利害を超えたものであることが多かったのだと思う。同窓会や同期会、県人会、会社の同僚など、学校、大学、会社などによる繋がりは大きくなっていっても、血縁関係は少なくなり、また隣組のような住む地域の地縁も希薄になってきている。テレビに出ればいっぺんに多くの人に知られるようになるが、それにしても戦前の短い幼稚園時代の知り合いにアメリカで再会するなど運命的なことのように思えた。地縁は記憶の中の最も深い場所との縁であるのだ。

渡辺町の家に多くの客や父の知り合いが訪ねてきたという記憶は全くない。私が幼かったのだから記憶にないのは当然であったかもしれない。しかし、父は政治家として名を知られるようになり、大蔵大臣を歴任して、財界、産業界、教育界などに多くの知人を持つようになっても、親しく付き合う人たちは昔の友人や郷里の人たち、そして若い頃の知り合いの人たちだった。戦時中の渡辺町時代には特高に見張られていたということだし、大きな企業に就職していたわけでもなく、軍隊にも人脈があるわけでもなく、親族といっても、田舎のせいぜい小規模な地主の家の出であれば、多くの客や知り合いが家を訪ねてくることが少なかったのは当然だろう。

水田家の縁者で東京に住んでいた人は少なかった。父の従姉が寄席などの貸し席劇場を経営する人と結婚して深川に住んでいた。父の母の実家の田村家の人で、評判の美人だった。粋な着物姿の夫婦で、深川という下町の賑わいの中での商売で、生活も華やかだったという。再従兄にあたる人たちは私たちよりも年上だが、それでもずっと戦後も付き合いが続いて、その一人から私は相撲部屋に連れていってもらったことがあった。父の故郷の曽呂村から上京する親戚は、必ずそこで美味しいものをご馳走になって帰ったらしく、結叔父もたまにご馳走になりに行っていたということだった。それも戦時中という非常時体制のもとのことで、交友関係も自粛ムードだったのかもしれない。渡辺町時代の父は三十代半ばの頃で、知り合いが出入りしない渡辺町時代は当たり前だったのかもしれない。

その寄席席も三月十日の大空襲ですっかり焼けてしまった。戦後になってスマックとかいうアイスクリーム会社に勤めた深川のおじさんに会ったことがあった。小唄や芸者遊びなど、寄席席のオーナーとして、ほとんど遊んで暮らしていた人が、戦後の有楽町でアイスクリームを売っていた姿は頭に焼き付いている。食料が極度に欠乏していた時代に、アイスクリームは飛ぶように売れたそうだった。

渡辺町時代の父は、結叔父と同じように、戦争に行かない男性として厳しい戦時中の緊張した統制時を過ごすことについて思うことが多かったのだと想像する。その意味では、親や息子、兄弟を戦線に送っている家族に比べて、軍事政権下の緊張は、田端時代の我が家では緊迫した空気をもたらしていなかった。誰も戦争のことを話さなかったし、愛国主義者として振舞うこともなかった。父はいつも仕事で外に出ていたが、家族はそれまでと変わらない雰囲気で、子供たちの躾けに関しても、今は大変な時なのだから、というようなことは全く言われなかった。その沈黙は結叔父の存在が影響していたと思うが、それ以上に父の原則的な沈黙にあったのだと思う。父は決して偉そうなことを言わない人で、誰に対してもお説教することは一切なかったが、戦争批判も、もしくは加担の言辞も一切言わなかった。田端時代の父は幼い私たちにとってはむしろ不在で、何も影響を与えない、見えない存在だった。

私たちが普通の人より早く疎開をしたのは、父が激しい東京空襲を早くから予見していたからだと母はよく言っていた。父はこの戦争は勝ち目がないと早くから言っていたという。父の鋼板製造会社は次第に軍需製品の生産を強いられていくようになり、父は歯がゆい思いがあったと思う。そのあたりは父の自伝『蕗のとう』(日本経済新聞社、1971年)でもあまり詳しくは触れられていない。

渡辺町での、何事もないような平凡な日常生活が、私が経験した戦前の世界であり、都市中産階級の家庭の経験だった。遊園地などへ遊びに連れて行ってもらった思い出も、おもちゃを買ってもらった記憶もない。甘いものの味はほとんど知らない。幼年時代の記憶は家の中と遊び場だった近所の道である。

それもあってか、私の幼年期はあまりにも緊張感に欠けた夢の中の時間のように思える。父や母の姿は私の記憶の中ではぼやけていて、今でも鮮明に思い出される数々の場面は、まるで映画の中の一コマのように、現実感や激しい感情の喚起、呼び起こされる歓喜や苦しみのない、いわば物語の中のようである。それは私がこの時代の経験を内面化することが少なかったからではなく、この家での幼い頃の時間が、気配として流れる時間だったからであるだろう。いじめられた思い出や、姉妹間の喧嘩や軋轢などは、心に何の痕跡も残していないし、父や母に対する感情も同じである。留守で寂しかった思いの痕跡もない。私はそこで住んだのでもなく、暮らしたのでもなかったのだ。「生まれた家」の洞窟のような守られた空間で、そこに漂う気配の中にいたのだ。まるで神話的なたゆたうような時間は、確かに流れていたのではあっても、どこかスピード感や強度に欠けている。その中でうごめく者の一人だったのである。田端の家は父母が不在の記憶として残っていても、そこはただ不在の父の気配が漂う場であった。

個人的には針を踏んでの手術があり、時代的には二・二六事件後の軍事政権化、日中戦争からアジア、そして太平洋戦争へと進展していく国家非常事態下の社会の緊張、家族や知り合いが次々と戦場へ出ていく不安があった。私の幼年時代は、はたから見ればまさに、非常事態下の時間だったのだ。それにもかかわらず、記憶の世界を流れる、ゆったりとした、非現実的な、神話的な時間の流れは、家の中を流れる時間のたゆたいでもあったのだろう。それは父のもの言わぬ内面を反映した時間でもあったのかもしれない。

父にとっての敗戦後の大きな人生の転換はこの時代には明確に予測できなかっただろうが、それでも戦後の世界と身の立て方などを考える準備期間の沈黙の時間だった気がする。父がただ口を噤んで非常時をやり過ごそうとしていたのではないことは、国会議員になるための総選挙に出る決断が降伏後間もなくできていたことでも明らかである。

それに比べて、このすぐ後に続く勝山での疎開生活は、幼い私にとってもどこか現実の厳しさに立ち向かう実感に満ちたものとして記憶に深く残るものとなった。

生活の場が急激に、しかも全く違うものとなり、母の存在が、日常の全ての時間を強烈な密度で占めるようになった。父は相変わらず不在だったが、母と娘たちの密接な生活が、狭い家と異国のような場所で始まったのである。

田端の家は空襲で消滅した。房総の海辺へ疎開してからは一度もそこに帰ることはないままに、田端の家は私の夢の中で生き続けた。それは生涯のただ一つの夢の家、そして私にとっての休息の家となった。そこにはいつも数人の幼い子らが遊んでいる、音のない世界だ。部屋が現れては、他の部屋へ移行し、人影があちこちを動いている。昼寝をしに二階の部屋へ連れていかれる時の階段の長い上り。欄干から見下ろす坂の曲がりながらやがて見えなくなる下り道。そして、いつも家の前の石畳で終わる夢の風景。後ろには家の門と塀が高くそびえ、中にはもう入れない。幼い子供たちは黙っておはじきをしている。

そのような夢の風景となった家は、三十八発の焼夷弾で跡形もなくなった家なのだ。一九六七年に留学先のイェール大学を出て一時帰国した時に、私は田端の家の跡を訪ねたが、一目ではどこがそうだったかわからなかった。あとで開成中学のテニスコートがそうだと聞かされたが、それはあまりにも名残を残さない、変貌というか消滅の風景だった。しかし間もなくそれもなくなって、一九七二年にもう一度行った時にはあたりはすっかり新しい住宅地に変わっていた。石井柏亭さんの娘さんたちが、色々とその当時の写真や記録を集めていて、それが活字になっているのを読んだことがある。柏亭さんのお家へは、その頃母、姉と伺った記憶があり、洋風でおしゃれな感じの、ステンドグラスのあるお家だった記憶が鮮明に残っている。

一九七〇年代に私はロサンゼルスの大学で教えていたが、ある時突然、高崎恵子さんが研究室へ訪ねてきてくださった。生涯教育プログラムの盛んだったロスで、何かで私の名前を見つけたのだろうと思う。その時の感激は忘れることができないし、思い出すと今も胸がいっぱいになる。恵子さんは昔の面影を残した聡明な女性で、ロスで仕事をしていられた。妹の邦子さんのことも色々お聞きして、再会を約した。とにかく私たちは、三歳から七歳くらいの小さな子供たちだったのである。それから三十年は経っていた。田端ではなくロスでの再会が、二人とも遠くまで来たという感慨をひときわ胸に響かせたのである。

第三章　竜島（勝山）の家

一九四三年の暮れに千葉県安房郡勝山町へ疎開した時は、まだ幼かったこともあって引っ越しの理由も何も不思議に思わずに母に連れられて新しい土地の新しい家へ移動したのだった。疎開という言葉も家ではあまり聞かなかった。勝山の家は竜島という小さな湾の浜辺の、松林の終わるところにある小さな家だった。八畳、六畳、そして、三畳ほどある玄関の入り口の間、台所があり、引っ越してから風呂場を取り付けた。そこは父の友人で、山村聰さんが監督した映画『蟹工船』の悪人船長の役を演じたこともある、俳優の平田未喜三さんが持っていた貸家だった。平田さんは勝山地域の網元で、顔役として「大いなる力」を持っているということだった。声の大きな、色黒でギョロ目の、体格のいい人で、カリスマ性に満ちているが、気さくで、母とも気が合ったらしい。よく私たちの面倒を見てくれたことを覚えている。毎朝魚を台所のバケツに投げ込んでいってくれるので、食べ物には困らないと母はいつも言っていた。

父と平田さんがどういう友人関係なのかは今でもはっきりと知っているわけではないが、同じ房総の出身で、おそらく同い年だったと思うので、安房中学時代の友人だったかもしれない。父は学生時代はマルクスに心酔し、反戦運動に関わっていたので、小林多喜二の映画に出演した未喜三さんには、同窓の友人という以上の親しさを覚えていたのかもしれない。文学青年だったという父なので、演劇にも興味があり、網元の息子でありながら俳優をしているユニークな平田さんに特別な、同志的な親しみを感じていたのだろう。戦後になって山村聰さんが、西片の家に何度か来られたことも覚えている。千田是也さんも来られたことがあった。父は戦後の演劇の復興にも貢献したのかもしれない。少なくとも国立劇場の建設に深く関係したのは確かである。

勝山町は、房総半島を上総と下総に分ける鋸山を越えて、次が保養地として名の知れた保田町、そして次が勝山町で、保田、勝山、岩井、富浦、那古船形、館山と続く南房総の東京湾に面した内房総海岸が半島の先へ続く一帯の海岸線に面している。漁業の町でもあるが、農業も盛んで、房総半島を内房から山越えして、鴨川市をはじめとする外房地域まで続く広い山間地域を後ろに背負った、いわば海と山のある、農業や花栽培も盛んな、温暖な地域の町だった。現在では保田、岩井と合併して鋸南町になっている。その名の通り、険しいノコギリの刃のような山景を持つ鋸山の南にある町であり、この山を隔てて、気候も、また、人の気質や文化も異なることがわかる。現在は鴨川へ続く嶺岡中央道が水仙ロードとして有名である。

鋸山の長いトンネルを越えると、川端康成の『雪国』とは反対に、海が開けて、明るい別世界が目の前に広がる。しかし、戦時中はここを通る時には車窓にスクリーンを降ろされて、外は何も見えないようになっていた。内房線の汽車は鋸山以南にはトンネルがたくさんあって、煙と煤で目が痛くなるのが子供時代には苦手だった。

隣町の保田町は勝山町に比べて古くから別荘地として名が通っていたおしゃれな雰囲気のある町で、物理学者で歌人の石原純博士と歌人の原阿佐緒が世間を騒がせた大恋愛の末に愛の居を構えたところであった。石原純は、この事件で東北大学を辞めることになって、保田町の丘の上に瀟洒な家を建て、世間を逃れた二人の愛の住処としたのである。勝山町にはそのような有名なエピソードは残っていなかったらしいが、関東大震災の時にはいくつかの別荘が倒れて、その家人の救済や復興に土地の若者たちが大きな力を発揮したという。平田さんは別荘に来ていた東京のお嬢さんと結婚したと聞いていたので、勝山にも別荘があったのだし、別荘には原阿佐緒に劣らぬ優雅な令嬢がいたのだろう。

竜島は、その曲がった形が龍に似ているところからその名になったのか、あるいは、その静かな湾と浜辺の持つ雰囲気がどこかこの世離れをしていて、乙姫様のいる幻の世界、夢の中の場所のような幻想を抱かせることからそう呼ばれてきたのかもしれない。

事実その浜辺を浦島太郎が釣竿を肩に歩いていてもおかしくはない、のんびりとして、賑わいのない景色なのだった。勝山漁港から離れた、保田との境に近い湾で、漁港ではなく、浜辺付近に住む漁師の人たちも、自分の小さな船は持っていても、本格的な漁は網元の傘下で行っていた。船が着くほどの大きな桟橋は竜島の湾にはなかった。それだけに、水泳にはもってこいの浜辺で、人の少ない、まるで今で言えばプライベートビーチのように、小さな波が寄せては返す、静かで美しい海辺だった。近くに浮島という島がぽっかりと浮かんでいて、水泳が得意だった母やすぐに上手になった姉はそこまで遠泳していったものだったが、まだ幼かった私は、彼らが帰ってくるのを浜辺で一人座って待っていた。竜島は隠れ里のような佇まいがあり、疎開生活の背景としてはふさわしい雰囲気に満ちていた。

松林のすぐそばの家は、低い垣根はあっても、門構えと言えるようなものはなく、塀で囲まれた都会の家に住み慣れた私たちには、何となく開放的すぎる感じがした。家の周りにはあまり民家がなかったので、心もとない感じがした。夜になると松林を通り抜ける風と潮騒の音が、絶え間なく聞こえる。街灯の一つもない真っ暗な闇の夜の経験も新しく、疎開生活の第一印象を心に刻み付けることになった。それだけに水平線に大きな夕日が沈む浜辺の風景の輝きは驚きを与えたし、月夜の明るさにも感嘆した。お月様が大きいということも初めて知ったのだった。

雨の威力を知ったのも勝山のこの家でだった。家が小さく、二間とも縁側を隔てて庭に開けていたから、雨が降ると雨足が庭の地面に落ちる様子を眺めることができた。土砂降りの雨の時には庭はたちまち水浸しになり、そして雨がやむといつも庭先の空に虹が出た。しかし最も強烈な経験は台風だった。房総半島は台風に見舞われることで知られているが、扉や窓に杭を打ち、テープを張って押さえても、暴風雨の威力は、その風の轟音と激しい雨で、都会では経験したことのない大事なのだった。勝山時代には何度台風を経験したことだろうか。敗戦の日の前も台風が通過し、あたり一面、家の軒下も水浸しになったのだった。

家の前には使われていない小さな土地があり、そこには簡単な木戸がついているだけだったが、強盗や泥棒などの心配は一切ないから、と平田未喜三さんは母を安心させたというし、その空き地の脇に、倉庫のような小さな二階建ての家があり、そこに平田さんの会社で働いている若い男性が住んでいたので、安心だと母も言っていた。その人は足に障がいがあり、平田さんの会社では雑用係だったようだが、実に気のいい人で、毎朝欠かさず魚を持ってきてくれた。ある日バケツいっぱいのカニを置いていったこともある。大喜びをして、それを一気に食べた母はすっかりお腹を壊してしまった。垣根の直しもしてくれた。夕方になると二階の窓枠に座って、ハーモニカをよく吹いていた。

私たち母と姉妹が、りっちゃんを連れてそこに住むようになってから、母は実に早く海辺の生活に慣れていって、生き生きとして、たくましさを感じさせた。水を得た魚のように、やることができたゆえの、熱意のようなものが感じられたのだ。子供たちを守らなければならないという気持ちも強かったのかもしれない。戦争は激しさを増していたが、まだ、敗戦が近づく気配が色濃く感じられるほどではなかった。風呂場のなかった引っ越し当初は、町の銭湯に行ったのが、珍しかったのか記憶に残っている。庭先での行水も初めてで実に楽しかった。その頃は都会でも風呂場のない家も多く、隣の「風呂を借りる」という言い方も普通に使われていたのだった。

母が勝山での生活に苦情を言うのを聞いたことはない。三十歳になったばかりの頃だったと思う。東京で生まれ育った母には、何もかも不便な生活だったのではないかと思うが、反対に浜辺で泳いだりするのを楽しんでいて、母の印象が新しくなったことを覚えている。青鼻を垂らし、髪にシラミを飼った子供たちの間で私たちを育てることに神経を尖らせたはずであるが、それらの「ガキども」を寄せ付けないことなど全くなく、反対に、パンケーキなどを作って懐かせて、いじめられないようにしてくれた。東京にはよく帰って、私たちの着物や人形を少しずつ持ち帰り、塩や砂糖、シーツやノートや紙や鉛筆などを調達してきた。私はそんな母の姿が頼もしく、すぐに裸足で駆け回り、勝山弁を話す浜っ子になった。大人たちに命じられて、よく土地の子供たちと背負い籠を背負って松林に松の落ち葉を集めに行った。集めた松葉は焚き火にしたり、その他にも何かに使われたのだと思う。松ぼっくりもたくさん拾ったし、マツヤニも採っていた。松林は海岸線に沿ってずっと続いていて、子供たちにとっては、大人たちの関与から離れた別世界だった。私たち家族は戦争が終わった翌年の一九四六年まで勝山の家に住んで、私はそこで小学校に入学した。

この時期、父は東京の家でそうだったよりも、さらにもっと不在がちだった。帰ってくることは大変稀で、その時はいつも母や土地の知人たちと過ごす時間が貴重らしく、子供たちは構われることもなく、外に遊びに行かせられることが多かった。父は三十歳半ばを過ぎた頃だったが、時代に押し潰される様子や、ビクビクしたところなど全くなかった。都会的な雰囲気も持っていなかったが、それは父が房総の温暖でおおらかな風土をその人間性に受け継いでいたからだった。父の人柄の醸し出すこの雰囲気は生涯変わることはなかった。

それに反して、群馬県の太田出身の母は、かかあ天下文化のDNAを祖母から受け継ぎ、何事にもめげず、負けん気で、立ち向かっていくたくましさに満ちていた。外見やその容貌には生き残りに長けた「肝っ玉おっかあ」といった雰囲気はないが、実に敏捷で勘も良く、優しさも備えていて、すぐに土地の人たちと親しみ、信頼されるようになった。

私は小学校に入るまでの短い日々をいつも母と一緒に過ごし、母の毎日の時間を私はべったりとくっついて共有する日常生活だった。初めて「普通」の幼年時代を経験したのではないだろうか。姉はすぐに町の小学校に編入したが、私は幼稚園もなく、一人では遊ぶ場も知らない。第一、言葉がよくわからないし、それを使えない。房総の浜辺地域の言葉は大変荒っぽかったのだ。仕方なしに初めのうちは日常生活の時間を母のそばで、母の後をついて回っていることで過ごした。その頃の都市中産階級の主婦は、漱石の『明暗』のお延のように家事は女中さんに任せて、芝居を見たり、友達と会ったりしてかなり忙しかった。私たちにはそれぞれ世話をしてくれる乳母がいたから尚更、母はあまり私たちと一緒に遊んでくれるようなこともなく、食事も一緒でないことが多かった。だから疎開生活はお手伝いさんも少なく、見知らぬ土地での人間関係も初めから作らなければならず、家事育児も、母が人任せにできない生活なのだった。茨城から出てきた当時十六歳になったばかりのねえやさんは、勝山では東京より尚更わけがわからないことばかりだったと思う。彼女は房総弁にも引けを取らない見事なズーズー弁だった。疎開生活は母との身体的な距離が最短に縮まった時代だった。しかし小学校に入るとその時間もすぐに変わっていった。

疎開生活は女だけで成り立った生活だった。家には父のいる部屋や場所はなく、母がこの家の主人だった。外との関係も、母は近所の主婦たちとすぐに仲良くなって、リーダーシップをとって子供たちの病気や怪我の手当て、衛生上の注意などをしていた。最も強いお山の大将ぶりを発揮したのは、食糧難が急速に進んでいくに従って、山間部の農村へ買い出しに行くチームを編成した時だった。食物と交換する物資は、母が全て調達したが、それらは着物や靴など当時はほとんど田舎では手に入らなかったものだった。それに加えて、買いだめしてきたり、持って帰ったりした塩や砂糖なども入っていたので、買い出しはかなりいい成果をあげたのだと思う。大きな背負い籠を背負って、数人で山の村へ朝早く出かけてゆく母の姿はなんとも頼もしかった。帰ってくれば、米や芋、牛乳、鶏肉、野菜などを含む食材を色々な人たちに分配するのも母だった。庭にゴザを敷いて、母は買い出しに行かなかった近所の人たちにも、食料品を分けた。中でも鶏肉は貴重な戦利品で、母は包丁で幾人分かにさばいて分けていた。そんな時の母は猿山の女ボスの風格があった。

父が選挙に出た時に、最も得票数の多かったのは、父の生まれた鴨川市を抜いて勝山だったというのが、よく母が自慢したことだったが、そのことは、この時代に発揮された母のリーダーとしての資質と能力の高さを表しているのだと思う。母は色白で背が高く、背筋がまっすぐに伸びた活動的な女性だった。女学校時代はテニスやバスケット、ピンポンの選手だった体育系の女性で、走ることや水泳はとにかく達者だった。親が進める父との結婚も、初めは大変嫌がっていたという話を母の姉の和歌子伯母からよく聞いたのだが、一度決まってからは、愚痴ったり、いじいじすることなどなく、失業中の父の下宿へお弁当を作って差し入れに行ったそうである。その当時、友人の下宿に宿借りをしていた父は、数人の安房出身の友人たちと共同生活をしていたそうである。肩書きや資産などにこだわらなかった若い母の潔い性格は、その行動力とともに、体育系の性格を生まれながらに持っていたからかもしれない。

父の方は文学青年で、婚約時代に二人が交わした手紙では、父は倉田百三の『出家とその弟子』について書いている。母の女学校時代のエピソードは、のちに卒業校の第八高女（都立八潮高校）の友人たちと俳句の会などを作って交流を温めたこともあって、私たちはいくつかの話を聞くことができた。掃除の時に窓ガラスを拭きながら、「カチューシャかわいや、別れの辛さ」と大きな声で歌って、先生に厳しく叱られた話、「不思議なマント」や「流浪の民」などの劇でいつも主役を演じた話など、小さい時に聞いた母が歌う歌を思い出してなるほどと思ったものである。「不思議なマント」の歌も「流浪の民」の「ブナの森の葉隠に……」も今でも私は歌うことができる。母にとっても女学校時代は、最も自由で夢の多い時代だったのかもしれない。それも短い期間で、すぐに大恐慌や軍事政権の出現によって、女性たちが自由を奪われた時代がやってきたのだが、母が少女時代に養った明るく、物怖じしない行動力に満ちた性格は、その抑圧の時代を生き抜いて、戦後は本領を発揮することになったのだと思う。

意気揚々とした物々交換の買い出しも、次第に困難になっていった。食べ物はほとんど手に入らなくなり、少量のいもや大根ばかりを持ち帰ってくるようになった。魚だけが命綱だったが、さすがの網元も非常時に漁業はうまく成り立たず、私たちは毎朝バケツに入れてくれていた魚の代わりに、自分たちで、岩に腰掛けて魚釣りをした。それでも私たちの釣り糸に引っかかる魚に事欠かなかったほど、房総の海は豊かだったのである。家の前の空き地には麦畑を作った。庭にサツマイモを植えた。自然に生えている木苺やグミの実、アケビ、桑の実など食べられるものは皆食べた。柿や栗、桃、みかん、夏みかん、西瓜、まくわ瓜、枇杷などは何らかの形で手に入ったが、それもだんだんと難しくなり、渋柿と夏みかんだけがそこいらの農家の庭にも実をたわわに実らせていた。今でも私は夏みかんが大好物である。

敗戦の年になると食糧難は最も厳しくなって、私たちの食事にはすいとんが頻繁に出るようになった。その頃には、母方の祖父母が、長男の嫁の実家の山梨県の上野原から勝山の私たちと一緒に住むようになっていて、房総の温暖な気候と、とにかく何らかの食べ物があることを「恵まれている」と口癖のように言っていた。祖父母が敗戦後も館山の家で生涯を送るようになったのは、房総の土地が気に入ったこともあったのだと思う。

勝山時代は母の存在が大きな比重を占める時代だったが、祖父母の存在が次第に大きな影響を及ぼすようになった時でもあった。私はそれまでは祖父母と一緒に住む経験がなかったが、勝山疎開時代から東京へ帰る一九四八年まで、祖父母と日常を過ごす生活が続くことになった。

祖父町田均は俳人で文人タイプの役人だったが、イタリアやフランスなどの欧州、台湾や中国などに勤務した経験から、かなりのハイカラであったそうである。メロンやマンゴーなどの果物が祖父母の家にいつもあったのは、祖父のハイカラ時代の産物だったのかもしれない。疎開の時は逓信省を退職していて、毎日俳句を作り、私たちに俳句や百人一首を教えてくれた。新聞紙をカルタサイズに切り、そこに一枚ずつ上の句と下の句を筆で書いてくれた。祖父は達筆であった。私にとっては新聞紙の薄い紙と本物のカルタの違いは知る由もなかったので、この新聞紙カルタが私の百人一首の世界への導入路となった。祖母は茶道の教師をしていたので私たちに手ほどきをしてくれた。私はそのどちらにも夢中になり、中でも百人一首は大人の県大会出場者を負かすほど腕を上げて大いに褒めそやされたものだった。俳句を作ることが長く日常のことになったのはこの疎開時代に祖父母と一緒に暮らしたおかげだった。逓信省は運輸省と国土交通省、外務省とも仕事が総合的に一つだった戦前の省庁で、祖父はとにかく西洋も中国も知っている、いわば当時のグローバル人だった。母は名を清子《せいこ》と言うが、祖父が中国清時代に赴任している時に生まれたのでそう名付けられたという。祖父は無口で、口髭を生やした面長の風貌が、細身の着流し風の着物姿と相まって、いつも謎めいていた。私たちとはあまり話をしなかったが、俳句だけはよく教えてくれたのである。

祖父の実家は群馬県太田の呑龍寺の住職で、代々の墓がその寺にはあった。私たち姉妹は幼い頃呑龍坊主にさせられた。祖母は丹後家という武士の家柄の娘で、祖父とは反対に自分の意見をはっきりという女性だった。丹後の局の末裔だろうと、からかわれたほど、物怖じしない人だった。結婚前は小学校の先生をしていたのだから、教養豊かで、暗唱していた平家物語を語ってくれたりした。敗戦直後上野原の道で進駐軍のジープを呼び止め、「ウエノハラステーションダウン」と行く先を言って乗せてもらったという逸話が残っている。誰もが進駐軍をこわがっていた時代である。好奇心が強くて何でも聞きたがり、質問をして、知恵熱が出るぞ、と父にからかわれていた。一言の説明では満足しないのも祖母の知恵熱の原因となったに違いない。のちになって、私は祖母から「トリアッチって誰だい？」と聞かれたことがある。父が若い頃心酔したことのあるイタリアの共産主義者である。明治五年（一八七二年）には学制が制定されて、八年からは全国に小学校ができた。鴨川の曽呂村にも七年には小学校ができたのだから、群馬県の町々にもすぐに小学校ができたに違いない。祖母は若い頃から教員になることを志して、師範学校へ行ったのだから、近代化の波を全身で受け止めた女性の第一世代だったのだ。

祖母が亡くなった時、やはり教師として一生を送った和歌子伯母は挨拶で、祖母には三つのことで感謝をしていると述べた。まずは教師という職業に自分をつかせるために勉強をさせてくれた。最初の面接にもついてきてくれた。そして二番目は兄妹を与えてくれた。そして、最後に、辛抱することのできる健康な体を与えてくれたと。私は深く感動した。考えてみれば、母も私も教師となったのである。

母方の若い伯父たちが勝山の家によくやってきて私たちの遊び相手になってくれたのも楽しい思い出になっている。母の長兄基（しげき）伯父は日本郵船に勤めていて、話が実に上手な人だったので、お話をせがむのが私たちの楽しみだった。母の下の弟直（裕康）叔父は通産省に勤め始めたところだったが、独身の身軽さでしばしば勝山を訪ねてきた。この叔父は絵が上手で、また美声の持ち主で、歌舞伎の人物を紙に書いて切り取り、紙人形で演じて見せてくれた。二人のおじさんはともに俳句をよくし、祖父母の馬込の家では毎月句会を開いていたので、勝山でも彼らが来ると祖父母や母は、私たちも末席に加えて句会をした。特選を取ったいくつかの句は今でも私の自慢の句である。その中の一つ、「大人まで乗り出して食う初秋刀魚」は、特選となった。

直叔父はやがてお見合いをして結婚することになった。お見合い写真を私も見せてもらったが、大変優雅で美しい人で感心した。大きな病院を経営する裕福な医者の娘でピアノが上手だということだった。その人が何かで入院したというので、母は私たち姉妹を連れて東京までお見舞いに行った。母にとっても初めてその人に会う機会だったのではないだろうか。私たちは着ていくような洋服を一枚も持っていなかったが、母は買いだめして持ってきたシーツを裁断して、二人に洋服を作ってくれた。スカートはウエストをくりぬいただけの代物だったが、八枚はぎフレアスカートのようにヒラヒラゴワゴワした、真っ白な洋服になった。叔母はその時の、お揃いのシーツ服を着た私たち姉妹のことを、結婚してからもよく話してくれていた。真っ黒に日焼けして、体にしっくりしないシーツの洋服を着てキョロキョロしていた田舎の幼い姉妹が、よほどおかしかったのだと思う。

温暖で開放的、「かかあが強い」と言われるほど女性たちが活発で、人情の厚い風土の房総での暮らしは決して苦しくはなかったように覚えているが、それが非常事態下の異常な暮らしであることが、次第に日々鋭く感じられるようになっていった。本土への空襲が激しくなっていった。庭先には防空壕が掘ってあって、空襲警報が鳴る度に私たちは枕元に用意しておく防空頭巾を被って、急いで逃げ込む。それが毎日になっていった。房総は米軍機が東京を空襲する道にあたるので、その行き帰りに私たちの頭上を通っていったのである。時には残った爆弾を帰り道で落としていくことがあり、機上掃射、つまり、地上で動いているものすれすれに近づいて爆撃機から狙い撃ちをする襲撃が、私たちを震え上がらせた。空襲警報が鳴ると小学生は家に帰るように命じられるのだが、私たちの家は勝山小学校からかなり離れていたので、私は姉に手を引かれて、駅の向こう側の学校から、線路を越えて、長い田んぼの一本道を懸命に走って帰った。道の終わる田んぼの果てに母が待っていてくれる。ある時は途中で私たちが狙われたと思い、田んぼの畦道に転げ込んで身を伏せたこともあった。

勝山駅の近くで汽車が機上掃射に遭い、多くの死者が出たことがあった。母はその時に母親をなくした赤ん坊を預かってしばらく育てたこともあった。東京が空襲に遭うと、東京湾を越えて東京付近の空が真っ赤になる。恐ろしいが興奮に満ちたような、燃え盛る遠くの都市の景色を松林の端から見ることがしばしばだった。東京の家へ帰ることが危険になっていったため、母が帰ってくるまで私たちは不安に怯えていた。それでもお内裏様を持って帰ってきてくれた時には大変嬉しかった。それだけは買い出しにも使わなかったので、以来母は、孫たちのためにずっと飾っていた。着物は母のものも私たちのものもすっかりなくなった。

東京の田端の家にも庭に大きな防空壕を掘ってあったが、私は入ったことがなかった。その防空壕は庭に広く、深く掘られていて、母はその中に結婚の時に持ってきた品々を入れていたとのことである、それらは皆木っ端微塵になって跡形もなくなった。勝山の家の庭先に作られた小さな防空壕は、いわば半地下のような小さなもので、爆撃に耐えられるような代物ではない、にわか作りの防空壕だったが、私たちは毎晩のように入り、そこで夜を明かすこともしばしばだった。その狭い暗闇での時間は、勝山時代の特別な経験で、長く心の風景となっている。家族がやっと入れるほどの小さな穴ぐらで、危険な時をやり過ごす、隠れている、という意識がこの暗闇の時間を満たした。小児喘息持ちの姉のヒューヒューという息遣いを聞きながら、狭い場所に体を丸めて座り、外を遮断し、内に閉じこもる意識が全身を覆ううちに寝てしまっていた。警報が解除される頃には、朝になっていた時もあるし、母に抱かれて家の布団に戻されていることもあった。警報が解除されるというのは、明るい外部に出ることでもあり、心地良い安心ないつもの布団に目覚めることでもあった。

姉の発作がひどい時もあって、時にそれは命に関わった。母は姉の体にからしの湿布をするのだが、そのキツイ匂いは穴ぐらの空気の匂いだった。姉は小学校の四年生頃だったからまだ幼かったが、息をするのが苦しいと喘ぐ姉をそばで見ることは非常事態の意識をさらに強くした。私が内にこもる暗闇の時間を何を考えて過ごしたかは覚えていないが、姉のそばで自分も息苦しくなり、目を固く閉じていたのだった。そしていつの間にか眠りに落ちる。寝てはいけないという意識が逆らい続ける中で、暗い穴ぐらの空間と、眠りの世界が一つになっていくのだった。

勝山小学校に入った時のことは今でも忘れることができない思い出となっている。手元に残っている写真には、広いレースの襟のついた黒いビロードの洋服を着て、白いズロースが見える短い上着に長く白い靴下と、黒いエナメル靴を履いたおかっぱの私が、モンペ姿の若い担任の先生と防空頭巾を被った友達たちと写っている。初めての日、私が校庭に入ると、多くの子供たちに囲まれてしまい、私は泣き出したということである。

それ以来、学校のそばまで行くと、急に尻込みをして校門から入りたがらなくなったということである。姉を手こずらせたが、先生が出てきてくれてやっと教室へ入ることができたのだという。

しかしそんなことはすぐになくなって、私は土地の子供と同じように軍事下の国民小学校教育を受け、一方では裸足で駆け回り、自分のことを「おれ」と呼び、髪にはシラミも住まわせるようになった。敗戦後には米軍の兵隊さんたちに並ばされてＤＤＴを髪に散布された。りっちゃんが茨城の田舎から奉公に来た時に、トラホームを患っていたことに懲りている母は、目だけは決して手で触ってはいけないと厳しく言ったが、その他のダメ出しは何もなく、私は他の子供たちと変わらない浜っ子にすぐになっていった。その代わりにたくさんの遊び友達ができた。泣き虫だった私は、元気で明るい性格だと言われるようになり、成績も良く、通信簿に「将来が嘱望される」と先生が書いてくれた。母がそれを自慢にしていて、その小学校一年生の通信簿を大切にとっておいていた。留学から帰ってそれを見た時には忘れていた母の疎開時代の姿を思い出して、涙ぐんだのだった。

何もわからない一年生から三年生の半ばまでを勝山小学校で過ごしたが、その時の先生方の印象は鮮明な記憶となっている。一年生の初めての担任の先生は、「風呂屋の石井の娘」で、実に聡明で美しい人だった。その後は校長先生の娘さんの高橋美恵子先生で、この先生が通信簿に将来が嘱望されると書いてくれた先生で、私は随分と励まされて、勉強が得意になった。丸顔の美しい女性で、母はいつもこの聡明な女性に感心して、将来は先生のようになりなさいと私に言うのだった。三年の時の小宮先生は、戦後先生を辞められた後は東京で母の会社に勤めるようになり、それからはよくお会いするようになったが、私はいつまでも小学生扱いをされた。

戦前の田舎町であっても、学校の先生方はどの人も皆聡明で、知的で、物知りで、町の人たちに信頼され、一目置かれていた。彼女たちは、『二十四の瞳』など、よく物語や映画で見る先生のイメージそのままで、明治以後の日本の文化形成には欠かせない存在であった。小学校の先生にはその頃から女性が多かった。知的な女性に開かれていた数少ない職業だった。農業や家内工業、商家を除けば、キャリアとしての職業につく女性は少なく、女性が働ける職は、看護師、バスの車掌や電話の交換手、デパートの売り子など大変限られていたのである。その中で、学校の教師は、子供たちにとっても、村や町の知的、道徳的御意見番としても質の高い人たちを明治以来生み出してきたのだと思う。

小学校なので軍事教練などはなく、軍人の姿も構内には見えない、比較的のんびりとした学校生活ではあったが、毎朝列を作って天皇陛下の写真に礼をしてから教室に入ったことや、教室にも天皇陛下の写真があり、天皇のことが語られる時には背筋を伸ばして、居住まいを正さなければならなかったことなどが鮮明な記憶として残っている。私はすっかり土地に馴染んで疎開してきたという意識を一切持たないでいたが、東京から勝山に疎開してくる子供が意外と少なかったのは、房総が東京に近くてあまり安全だと思われていなかったからだと思う。その数少ない疎開者の中の一人が、のちに東京女子大学の同期生となったことで再会し、それ以来同じ分野の研究者としてのキャリアを持つようになり、交友関係が続いている。これも戦争による奇縁だと言えるだろう。

すぐに仲の良い遊び友達がたくさんできた。中でも近くの旅館の子供の松本孝子ちゃん（孝子さん）、薬屋の池田みどりちゃんとは毎日、毎日飽きることなく下校後も遊んだ。宮下初江ちゃんはのちに学校の先生になり、字の見事に美しい大変知的な女性になったが、その頃は小さくて色白なのに、負けずに裸足で駆け回って遊んだ。孝ちゃんは旅館を継いで立派な女将になったし、みどりちゃんは賢い子だと母がよく言っていたが、薬剤師になって薬局を継いだ。戦後の経済の復活の中で、そして、日本の国際的な発展の中で、敗戦国日本の田舎町のはなたれ小僧だった私たちも皆なんとか格好のつく先進国の女性になっていったのである。一九九〇年代には何度か小学校の同窓会に呼んでもらった。父の選挙や、城西国際大学が千葉県東金市にできたこともあって、長い留学時代の空白はあっても、疎開時代の友人たちとの交流が、時間を隔ててもまた復活できたことは本当に幸運でもあり、嬉しいことだった。

房総には海軍や陸軍の基地があり、内房線の上総湊以南は機密地帯だった。疎開した最初の頃は房総の基地に駐屯している若い兵隊さんが、街中を歩いている姿を見かけることもあった。最初の頃だが、基地の若い兵隊さんたちがよく遊びに来たことがあった。母はその人たちに色々食事を作ってあげていたし、彼らの話を聞いてあげていた。そのことが評判になってはいけないと知人が父に忠告をしたそうだが、父はやがて戦場に出ていく若者たちへの母の慰めをむしろ大切に思っていたようだった。戦争が終焉に近づくにつれて、兵隊さんたちはぱったり来なくなった。

戦況は危機的になっていくばかりの頃であったが、戦地の前線とは異なって、国内の基地にいた兵隊さんには、まだ微かな余裕があったのだと思う。しかしそれもすぐになくなった。兵隊さんは皆戦地に駆り出されていったのだ。母にラヴレターもどきを残して戦地へ行った兵隊さんもいた。母は綺麗で優しいお姉さんのような存在だったのだと思う。戦地の悲惨な状況を想像するには私は幼すぎたが、戦地へ移動する前夜に母がご馳走を皆に作っていた姿はよく覚えている。

房総地帯はまた、艦砲射撃の的地でもあった。中でも太平洋に面する外房一帯は、警戒を強めていて、父の生地である鴨川市も危ないという噂が流れていた。房総はこのように決して常識的には安全な場所、疎開先でなかったはずだが、千葉県の東京に近い地域は空襲を受けたものの、半島先端の房総は空襲の被害はほとんどなく終わった。

父の東京での生活は不便そのものだったと思うが、その頃は早稲田の建築科に在学中の父の長兄の次男、私たちの従兄（水田利根郎）が、父と一緒に田端に住んでいて、一人ということはなかった。妻子は安全な場所に置き、自分は働くという夫のジェンダー役割を父は忠実に実行していたわけだが、三月十日の東京大空襲で渡辺町の家が全焼してしまうと、大森の母の実家に一時滞在し、そこも五月二十四日の大空襲で焼け出されたあとは、東京で住む場所がなくなってしまった。

三月十日の大空襲の直後、父の会社の人が勝山に訪ねてきた。私たちはちょうど防空壕に入っている時だった。彼は大変申しわけなさそうに、実は大変なことになりまして、と口ごもりながら切り出し、私たちはてっきり父の身に何かがあったのだと思った。家が焼けたと聞いて、母はなんだとばかりにホッとして笑い出したし、私たちもそれにつられて安心し笑い出した。家が焼けたと聞いて笑ったのは、おそらく私たちだけではないだろうか。疎開生活は私の幼年後期と言える時期に当たるが、物事がわかっているようで、何もわからない無邪気な時代だった。戦争の怖さを知っていたのか、それほど感じなかったのか、今から思うと不思議な気がする。直接的な恐怖は空襲で、警戒警報にはいつも脅かされていた。私たちは普段ラジオをつけっぱなしにしていて、ガーガーという音とともに警戒警報が、敵機が何機どこからどの方面へやってくると報じる。すると何をしていても全てをやめて防空頭巾を被り大急ぎで防空壕に入る。それは日常的で、身体的な行為で、戦況や戦争の目的や将来の見通しなどにも一切関係しない、具体的な行動の必要性であった。わかっていることは、それを誰にも頼ることなく、自分一人でしなければならないということだ。母が東京へ行っている時には特に怖かったが、それは自分が不安というよりは、母の身が心配で怖かったのだ。それが私にとっての戦争であり、戦時中の生活の現実であった。

しかしこの時の恐怖は、戦後の日常生活でも心のどこかに感じることであり続けた。そして、東京で焼け野原となった田端の家界隈を見た時にもはっきりと蘇ってきた。幼年期のこの頃に、深層意識ができつつあったことも確かなのだと思う。疎開中の経験は記憶と心の原風景となったのである。

その当時の、というか、幼年時代の父と母の姿も、時とともに影のように輪郭だけに薄れていくと同時に、鮮明な、固定されたイメージとしてその風景に確かな位置を占めている。それはある意味で、私の家族の原風景でもあった。

敗戦の直前父が帰ってきて「敗けた」と母に話したそうである。その日私は夕方まで浜辺で姉と下駄隠しをして遊んでいた。父が帰ってきたから家に帰りなさいと呼びに来られたが、隠した下駄が見つからないままだった。姉が先に帰って、私は下駄を諦めて片方は裸足で、一人遅れて家に帰った。松林を抜けると、大きな真っ赤な月が昇っていた。

何か異常なこと、大変なことが起こったのだ、という感じが心を捉えて、私は畏敬の念に駆られたことを覚えている。家では数人の人たちが父や母と話し込んでいた。父はそのまま東京へ帰らなかった。それからの数日は色々な人が入れ替わり立ち替わり家に来て、そして大雨になり、洪水が起こって近くの川が氾濫した。

その八月には母のすぐ下の弟の正叔父が亡くなった。この叔父は東北大学を出て東京の銀行に勤めていたが、学生時代には父から本を借りては箱だけを棚に残して、あとは全部本屋へ売ってしまった、というほどの豪傑で、父とは気が合うらしかった。父を東京鋼板という会社設立へ誘ったのは、この叔父の結婚した人の養父だったのである。叔父は戦争中に腸結核を患い、終戦日前後に亡くなった。どさくさの最中で、誰も見舞いも、別れもせず、そして叔父の死も知らずにいた。松子さんという叔母はずっと叔父の体を抱いていたということを聞いた。母はその知らせを後で聞いて、文字通り泣き崩れたし、私も、この叔父の非常時下の愛の話はそれからもずっと心を占めるようになった。

八月十五日は洪水の後で、私はいつもの遊び友達と水かさの増した川の土手を歩いて海まで行った。玉音放送の後で、家中も町中もシーンとしていた。海も濁っていて、私たちはなぜか怖くなり、無口になってそれぞれの家に帰った。庭には洪水で水浸しになったもの、布団やシーツなどいつもの洗濯物干しでは見慣れない様々なものが庭いっぱいに干されていた。その後の数日、子供たちは全く構われることがなく過ぎたが、急に母から九重の伯母の家に行くと言われて、荷物を持って父母とともに汽車に乗った。基地が近いので、兵隊たちが暴動を起こすのではないかと父が心配したということらしかった。

それからの何週間かを私たちは九重の伯母の大きな家で過ごした。その頃伯父は長い間結核を患った後で亡くなっていた。伯母の家には父の母、私の祖母が曽呂村から移って一緒に住んでいた。伯母の家には陸軍の将校たちが泊まっていて、暴動が起きるような時にはそこが安全だろうということらしかった。それが当たっていたかどうかは疑問である。私の記憶にある将校たちは毎晩お酒に酔って、サーベルを振り回す人もいたからである。

すぐに父母は私たちを置いて、勝山に帰ってゆき、私と姉は伯母の世話になってしばらく暮らすようになった。伯母の家は、大層に立派な造りの屋敷で、玄関が五つあった。第一玄関は立派な日本庭園に開ける広い接客用の部屋やそれに続く日本間がある家の正式な入り口で滅多に使われなかった。第二玄関は、洋館への入り口であった。二階建ての洋館で、一階は客間、二階は寝室と書斎があった。玄関の前には大きなバナナの木があり、当時バナナの木は富裕層の流行りだったそうである。洋風の庭ができていて、バラの花や、花の咲く木が大きくそびえていた。第三玄関は一般の来客を迎える入り口で、客間と仏壇が置かれている仏間に続く玄関だった。その次には家の者や親しい人などが出入りする玄関があり、囲炉裏のある板敷きの居間とその奥にコタツのある畳の部屋が見えた。そこが祖母の居場所だった。囲炉裏のある板の間は石床の台所と広い土間につながっていて、土間へ入る玄関がこれもかなりの趣きを持って作られていた。その隣には、収納庫や貯蔵庫のような建物の部分があり、色々な人たちや小作人たちが、作業をしたり、物を運んだりして出入りをしていた。

家の裏側は日本庭園のある客間の部分、洋館の部分、そして家族のいる場所などが皆つながっていて、寝室となる畳の部屋がいくつも並んでいた。私たちはそのひと間で寝起きをしていたのだが、それらをつないで押入れがあり、布団や座布団などがぎっしり入っていた。広い屋根裏部屋があり、そこには食器や書画骨董品が置かれていた。

母屋の脇には牛や馬のいる小屋があり、その前は作業場となっていて、野菜や穀物がゴザの上に広げられることが多かった。家の裏には裏山があり、椎茸が栽培されていたり、山菜や薪を採ったりしていたらしかった。大きな地主の家だったので、小作人たちが絶えず出入りをしていて、戦争中で人手がなくなったと伯母は嘆いていたが、農作業が中断されることはなかったようである。比較的のんびりとした戦時下の生活だったことが感じられたと、母は言っていた。この家の凋落はまさに敗戦とともに始まったのである。その後、農地改革で広い農地は没収されて、裏山と内房線の線路を隔てた畑だけがかろうじて残った。

幼い私には伯母の家での暮らしは冒険に満ちたもので、下男をしていた人が、よく山へ連れていってくれた。椎茸の収穫を手伝ったり、牛の世話や乳搾りを手伝わせてくれたりもした。それは役に立たない遊びの域を出ないものだったが、私にとってはこれまで経験したことのない冒険ばかりで、毎日のほとんど全ての時間を外で過ごした。

九重の伯母は水田家の長女で、安房高等女学校ではその頃も語り継がれるほどの優秀な才女だったということである。ずっと後になって私は城西国際大学の学生募集で安房女子高等学校を訪ねたことがあったが、その時も、随分前の話なのに伯母のことを話してくださった先生がいらした。安房女子高等学校はその後、安房高校と合併して男女共学の高等学校になった。伯母は房総地方では大きな地主の半沢家に嫁いだが、夫は結核を患って、あまり地主としての仕事や小作の面倒などを見ることができなかったという。伯母は代わりに半沢家の財政、農業、林業などの経営、小作人との契約やその世話、そして村の世話役など、全てを叔父に代わって受け持ち、慕われる半沢家を作り上げたということである。父の大学の授業料はこの伯母が引き受けてくれたということで、父は生涯感謝していた。父には伯母が亡くなったことを知った朝の句がある。父の自伝『蕗のとう』には、その日大蔵大臣として予算を決めるために、すぐに駆けつけられなかったことが書かれている。

それだけの女傑であったから、伯母はなかなか厳しいところのある人で、母は小姑にあたるこの伯母に、嫁としてばかりでなく、頭脳明晰なやり手の年長女性として、一目置いていた。伯母のところで厄介になっていた日々は、小学校の高学年で物事がわかる姉の方は気難しい伯母に気を遣うことが多かったらしく、私の経験とはかなり異なる生活で、肩身の狭い思いもしたそうである。伯母は戦後も長く生きて、目が見えなくなった祖母が一九六一年に亡くなるまで水田家の本家が九重に移ったかのように、親戚が訪ねてくる実家のような役割を果たしていた。祖母が亡くなった時、私は父とともに九重に別れを告げに行った。その年、私はアメリカのイェール大学への留学が決まっていたので、その別れもあった。暑い日で、薄い布だけがかけられた祖母の小さい白い体が印象に残り、今でもその光景はいつでも蘇ってくる。

やがて母が迎えに来て私たちは元の勝山の家に戻った。学校も始まったが、以前とは随分と雰囲気が違っていて、先生方をはじめ誰もが気が抜けたようで生徒に厳しく当たることなどはなかった。そのうちにいつ東京へ帰るのかと周りの人たちに聞かれるようになり、自分の身にも変化が起こるのだという意識を持つこともあった。戦争中はなんとなく私には存在感が薄かった父の印象も変わり、母もそうだが、ともにどこか張り切っている雰囲気を漂わせていた。その頃すでに父は政界に出ることを決めていた。母にとっては突然のことで、随分と反対もし、言い争いもしたとのことである。

私は小学三年生になっていたので、少しは状況の劇的な変化を感じたり、わかったような気持ちになったこともあったが、戦争が終わったことによる危機感や緊張感はあまりなかった。ごく自然にその翌年には、東京ではなく、近くの館山市に引っ越しをした。館山は近くなので、勝山を離れることが友達と別れることだという実感はなかった。勝山時代は実に生々しい生活感に満ちた、実感の濃い生活だったという思いが残っている。何事もありのままで、裸足で毎日を暮らしたような、そして土地の子になりきっていた時代だった。空襲警報は怖かったが、東京で起きていたことや敗戦のことなどよりも、母が不在の時に、ふと自分は一人でいるという実感を持ったことを覚えている。疎開時代は、子供でもどこか捨て身の生活だったのだと思う。

疎開中は一緒に来たりっちゃんが手伝いをしていたが、ある時彼女は家の前の倉庫のような家に住んでいる男に夜這いに入られて、妊娠をした。夜中に目を覚ますと母に叱られて泣いている彼女の姿があったのを覚えている。この家に忍び入る強盗も泥棒もいないと母を安心させた未喜三さんも、さすがに夜這いの習慣について母に警告することはなかったのだろう。母はすっかり驚いて、慌ててしまっていた。いくら女傑の素質が現れ始めた母であっても、厳格な家庭で育った東京育ちで女学校出の母には、夜這いは想像外の出来事だったのだ。

確かに、塀で囲まれていないこの家はどこからでも入ることができたのだ。母はあのハーモニカ演奏は、りっちゃんへのセレナーデだったのだと、気がつかなかったことを悔しがった。彼はりっちゃんを早くから狙っていたのだ。

りっちゃんはその男性と結婚することになった。足が悪く定職につけない彼との、生活の苦労が絶えることなく、小さな家で何人もの子供を生みながら、貧乏生活に耐えていかなければならなかった。彼女は相変わらず無口のまま、いつも子供をおぶって、母や近くの家で手伝いなどをしていた。

初めての子供は双子で、しかも一人が逆子の大変な難産だったらしいが、赤ん坊たちを取り上げたのは母だった。母が疲れきって涙を流している姿が、心に強く残っている。

赤ちゃんの発育に、母はずっと心を配り続けた。生涯彼女の家族の世話をする決意をしたのは、彼女の運命を変えるきっかけが我が家に来たことであるという意識を持っていたからではないだろうか。茨城の出身だったりっちゃんが、千葉県で生涯を送ることになったのも、私たちに疎開先へ連れてこられたからだ。その後りっちゃんはまた双子を産み、その他に幾人もの子供を産んで、文字通り貧乏人の子沢山で、幸せなのか、大変なのか、そのどちらもまぜこぜの、休む暇のない人生だったと思う。夫になった人は優しい人で、子供たちは皆親孝行なことで評判だったという。子供たちは母親と妹弟の世話もよくしたと聞いている。りっちゃんは喧嘩もせず、母に愚痴や泣き言をこぼすこともなく、気のよい、おとなしい夫に一生添いとげたのである。りっちゃんの人生は多くのストーリーと入り込んだ筋構成を持つ豊かな物語だったに違いない。

一方姉の乳母だった和子さん（かずちゃん）は東京の家では行儀見習いのような感じで姉の世話係をしていたが、父の会社で働いていたサラリーマンと結婚した。すぐ夫が召集されて戦死してしまい、幼い息子を抱えて、勝山の家へ来ていた。彼女もまた稀有な人生を歩むことになったのである。

家の近所に船大工をしている蛭田さんという家族がいて、そこの奥さんが母のところへよく来ていた。掠れた声の持ち主で、彼女の声が聞こえると空襲警報が鳴ったとよく皆にからかわれたものだった。おっとりした人で子供が四人いたが、皆利発な子供たちで、私たちの遊び相手でもあり、母が大変可愛がっていた。買い出し隊の一番のお供は彼女だった。船大工の家は竜島海岸の浜辺に突き出した舟工場の奥だった。戦争が激しくなるにつれて仕事は全くなくなっていたという。

その船大工の奥さんが戦後大流行した赤痢で一番下の幼い子供とともに突然亡くなってしまった。母はりっちゃんを使っては子供たちの面倒を見ていたが、かずちゃんが舟大工の後妻になる話が持ち上がったらしい。というよりは母がそれを考えたのだろうと思う。かずちゃんは女学校を出た女性で、都会暮らしもしていた人で、船大工氏は子持ちで歳も離れていたから、必ずしも良縁とは言えない話だったはずである。しかしかずちゃんはお嫁に行くことを決めたのだった。それは父親の顔を知らない息子の裕一の行く末を考えてのことも大きな要因だったのかもしれない。とにかく彼女はその船大工の家に住んで、残された彼の子供たちの世話をする決意をしたのである。彼女がいい加減な気持ちでそれを決めたのではないことは、すぐに子供たちが彼女に懐き、信頼して、母親として尊敬もするようになったことでも明らかである。しかし彼女の連れ子は成長するに従って、勝山の船大工の家庭をどうしても自分の本来の生きる場ではないと感じ続けたようだった。彼は義兄姉たちに親しむこともなく、義理の父にも母親にも心を開くことがなかったという。小説家志望で引きこもりがちな青年になって、かずちゃんの心配はやむことがなかった。

船大工の長男実さんは画家志望で、やがて東京でそれなりに生計を立てるようになったし、長女の澄子さんは洋服の会社に勤めて確かな技術を身につけた職人となった。洋裁師は戦後の花形職業だった。私たちより年下の三番目の光子さんは、母親と妹と一緒に赤痢に罹ったが、一人だけ治って、しばらくは後遺症に苦しんでいた。かずちゃんはそんな家族の面倒を親身になって見続けた。子供たちが彼女を慕うのは当然だったのだ。光子さんは千葉や東京で色々な仕事をしていたが、やがて勝山に帰り、母親の仕事を助けてその片腕になった。

かずちゃんは戦後の復興が始まると、船大工の工場を壊して、民宿を始めようと考えたのだった。母も心配しながらも賛成して、資金を出してあげたという。その方向転換は大成功で、浜辺の家は民宿には最適だったから、毎夏お客が絶えることはなかった。

房総の海岸は湘南のように高級なリゾート感はないが、穏やかな海と、富士山が東京湾を越えて見える美しい景色、そして竜島海岸の沖には浮島という島があって、やがて子供のいる家族向けのリゾートとしても人気が出るようになっていった。かずちゃんは数々の工夫をして、ビジネスウーマンとしての才能を発揮するようになった。船大工の夫は、民宿経営のマネジャーとなったが、本来優しい人柄で、かずちゃんは幸せそうであった。二人の間に子供もできたし、かずちゃんに育てられた船大工の末の娘はかずちゃんの民宿の手伝いを引き受けて大いに活躍するようになった。

何年も経って、かずちゃんが亡くなってから、私はその娘さんの切り盛りする民宿を訪れた。そこで見たのはかずちゃんと船大工の夫が、西欧旅行をした時の写真がずらっと展示されている光景だった。船大工氏は実にハンサムでおしゃれな格好をしていて私は内心びっくりした。歳が離れていることを可哀想だと母は心配していたのが嘘のように、実にかっこいいハンチング帽姿でかずちゃんとイタリアや南フランスやナイアガラの滝を楽しんでいるのだ。妻や子を亡くして、仕事もなく打ちひしがれていた姿とは全く違ったおしゃれな姿に、かずちゃんは本当に真摯に結婚生活を送り、皆に生き甲斐を与えて幸せにしたのだとつくづく感動したのだった。観光業も時代に適した職業で、船大工氏にとってもやり甲斐のある良い転職だったのだ。小説家志望の息子の心配が解消したかどうかは知らないが、何かの文学賞の候補になったことがあるというのだから、小説を書き続けたのだと思う。

田端の家では、留守がちな父の気配があるのは書斎だった。天井までの本棚にたくさんの本が並んでいる空間は、幼い私にとっての異空間だった。入るのは恐々《こわごわ》で、中を覗きながらであったが、しかし入ってしまうと、誰もいない上に邪魔する者がいないその薄暗い部屋で、私は革張りのソファに寝転んで、自由な独りを楽しんでいたのである。父の書斎、洋間と本棚、書物、そして筆記用具や硯の置かれた机、今の書斎とはコンピュータがまずないことで随分雰囲気は違うと思うが、それは紛れもなく、貧乏学生の勉強部屋ではない、「父」の書斎の風貌を持っていた。何の本があったかは全く覚えていないが、のちに母方の叔父から、英語の本がたくさんあったと聞いたことがある。父が書斎にいる姿は記憶にないが、貧乏学生の極みだった大学時代には反戦運動をしていたことからも、洋書も多かったのは頷ける気がする。一緒に住んでいた父方の結叔父は、文学書が多かったと言っている。英文科の学生だったその叔父から私は英語を教えてもらったのだが、叔父は父の書斎から、ロバート・ルイス・スティーブンスンの『宝島』を持ち出して、解説をしてくれたのが、私の三歳の英文学への入門となった。

かろうじて気配が残る東京の家とは違って、勝山の借り家には父は不在で、気配を感じる空間はなかったのである。疎開中は母の支配する日常生活で、その借り家は母の世界なのだった。

第四章　曽呂村の家——父の生家

父が生まれ育った安房郡曽呂村は、現在は鴨川市の一部となっているが、当時は独立した村で、鴨川の駅からのバスは、地域の郵便局までで、そこから徒歩で四里ほどもある山の奥の村だった。私たち家族は父に連れられて一年に一度は父の両親に会いに里帰りをしていたが、父の生家は子供にとってもあまり快適な家ではなかった。

都会育ちの子供にはマムシをはじめとする蛇、大きな蜘蛛は怖いし、薄暗いお便所は一人ではいけない場所だった。

曽呂村西一帯には水が出ず、一箇所泉の湧き出ている庄屋跡と言われるところまで、水汲みに行かなければならなかった。お風呂は池にためてある水で沸かすので、水がぬるぬるして入りにくかった。千葉県で一番遅く電気が引けたというところだから、夜は真っ暗で、家々が密集していないので、隣の家の明かりは見えなかったのである。

それでも母は義母を尊敬していて、帰るときはできるだけのお土産を持って、行ったら精一杯家事の手伝いをしていた。家には長兄の家族が一緒に住んでいた。そこには大勢の子供たちもいて、従兄弟たちの中には私たちと年の近い男の子が数人いたので、朝が来るとすぐにいろいろな場所に連れていってくれて、夜さえ来なければ、毎日はとても楽しかった。

そんな家族構成では、私たち三男の息子家族一家が、疎開してお世話になることは不可能だったのである。それに、京都中の留置所を知っているというほどに、父が勾留される度に祖父が呼び出されていたという記憶がまだ生々しい時だった。私たちの疎開先が、親戚の誰もいない勝山町であったことを不思議に思った人もいたらしい。母はその都度、曽呂は東京との行き来が便利ではなく、父が東京に住み続けている間は、一本線で東京に出られる場所を選ぶことになったと説明していた。

生家は嶺岡林道の一番高い場所に、立派な石垣を組み、見事な長屋門を構えた農家だった。しかし、門をくぐれば、典型的な茅葺き屋根の農家で、門の中には牛小屋があり、広い庭の脇には作業場があって馬も飼っていた。庭とは作業場を意味していたので、借り入れの時などは大勢の人で脱穀作業をしたが、普段でも毎日、そこは採れた野菜などの処理をする場として機能していた。多くの夏みかんの木があり、小高い家の脇には池と大きな蔵があった。そしてそこから下がっていく丘には栗や夏みかん、山桃、枇杷などの果物の木が多くあり、見事な桜の木も多くあった。

長屋門の前は竹林で、その前を登って門をくぐる時は、子供心にもいいなあ、と感じ入ったものである。私たちが着くとすぐに祖母は鶏の首を絞めてご馳走を作ってくれた。

従兄弟たちは鳥の処理を手伝っていたが、私たち姉妹はなんとなく怖くて、遠くから眺めていた。赤飯を炊いてくれて、筍や牛蒡、にんじん、里芋などの煮物が大盛りに出された。遠慮なく食わっしぇぇ、食わっしぇぇと勧められて、大歓迎をされた。囲炉裏のある板の間が茶の間で、茅葺き屋根の家は昼間も火を絶やすことはなかった。屋根裏に登るのも楽しく、何かの行事の時に使う多くのお椀やお皿、座布団などに交じって、農具や蚕の用具などがそこにはあり、全てが物珍しかった。

長兄の伯父は千葉銀行に勤めていたので、農業は小作の人たちに任せていたのだと思うが、祖母はいつも畑の世話をしていた。一番年上の従兄弟は牛の係で、私も手伝うことがあったが、牛の目がどれだけ優しいかを知った。そして人に懐いている姿も印象に残って、丑年の私は牛が大好きになった。それでも牛舎の掃除は本当に大変で、長靴を履いてきれいにするのには相当の時間が必要だった。次男の利根郎さんは、伯父が利根川の近くに赴任している時に生まれたのでその名がついたということだが、ハンサムで優秀で、早稲田の建築科の学生となった。利根郎さんは田端の家に一緒に住むことになったが、卒業後は東京都の建築士となって活躍した。空襲の時に留守居をしていて、蓄音機と毛布だけを持って、田端から大森の町田の家まで逃げていったのはこの利根郎さんで、指がくっついてしまう大火傷を負った。

利根郎さんの弟たちは戦後は皆東京に出て大学に行きその子供たち、私の従姪たちは戦後生まれの世代で、その中の一人は城西大学の薬学部を卒業して薬剤師となった。

水田家は実に多産系で、その当時私には六十人ほどの従兄弟がいたことになる。

水田家は祖母の実家である田村家からお嫁さんをもらう習わしになっていて、長兄の伯父の妻、とみおばさんも田村家からだった。田村家は美人系で有名で、とみおばさんも相当の美人だった。田村家の住む五十蔵という一帯は、嶺岡から少し下った谷間に蔵が立ち並ぶ、豊かな米どころで、どの家も小綺麗な造りで、桜をはじめ花の咲く木々が多く、川を渡ってそこに入ると、まるで桃源郷に来たような雰囲気だった。

そこには父の妹の桃子叔母がお嫁に行っていたが、田村博叔父は戦争で亡くなってしまうのである。勝山時代、出兵する叔父を勝山駅のホームで、旗を持って見送ったことが鮮明に記憶に残っている。桃子叔母は母と同い年だったが、優しく、可愛らしく、八人の子供を産んだ。従兄弟たちは皆利発で、鄙には稀な、と称された美男、美人さんだった。一番下の修司は父親が出征中に生まれて、そのまま戦死をしてしまったので、親の顔を知らない子だった。修司は東京でホテルに勤めて観光業でのキャリアを積んでいたのだが、不幸にもそのホテルが火災に遭って前途不安な状態が続いた。父は修司がよくできることを知っていたので、城西大学の事務局に採用し、その後は、庶務部、学務部で最後まで務め、歴代の学長を支えた。中でも松浦、森本、白幡学長を支えて、多くの新学部申請を担当して、学長にとってはかけがえのない事務局員となった。私が城西大学を辞めてからは、水田家からの寄付によって設立された水田美術館事務長として支えてくれた。

祖母の姪にあたる、田村家の四番目の娘と、父の弟四方太叔父は従兄妹同士になるが、早くから恋仲で、彼らにも三人の美しく頭脳明晰な子供が生まれた。長男の正一は帝国石油の社長になり、長女は日航のスチュワーデスを辞めてからは自分の会社を設立した。

四方太叔父は高校の先生を長くしていたが、天津帰りの二輔伯父の会社に出資して土地家屋を失ったこともあって、一家は東京に出てきて、晩年は城西大学の事務局長を務めた。父は戦争で夫を失って、戦後時代の全てを子育てと田村家の維持に努めた妹の桃子叔母のことを愛おしみ、心配して、いつも気遣っていた。桃子叔母は記憶力が抜群で、水田家、田村家の歴史について私に多くを教えてくれた。

四方田叔父の下の弟、水田信太郎の五男の結叔父は、もうここいらで子作りは終わりにしようという意味で、結と命名されたということだが、早稲田大学の文学部の学生となり、田端の家で戦時中は私たちと一緒に暮らした。優しい文学青年で、私の幼児期の思い出の中心を占める「おじちゃま」だった。母の弟直叔父とは同い年で、大変仲が良く、直叔父は東京帝国大学法学部の学生だったが、二人の秀才は実に優しい若者で、知的で飄々としていて、いろいろなことを教えてくれた、私の人生最初のヒーローだった。二人とも、肺浸潤の診断で兵役を拒否されたが、結叔父はそのことを大変悔しく思っていた。彼は戦争末期に長姉の嫁ぎ先の半沢家の養子になって、九重の水岡に帰り、先述の通り戦後は英語教師として一生を全うした。

一番下の六男の五一叔父は、敗戦後中国の大学から引き揚げてきて東片町の家にしばらく滞在したのち、やはり養子に入った熊沢家のある安房郡の松尾に帰って、県立高校の教師として暮らした。長男の一郎は千葉県庁で活躍した。

父の兄弟、姉妹たちは戦後の人生を同じ曽呂村を中心に房総地域で暮らし続け、暮らしは楽になったといっても、人生に大きな変化はなかったと思う。半沢家も、水田家も戦後の農地改革で、田畑を没収されたが、変わりなく地主としての役割を果たし続けた。しかし、その子供たちは、戦後は私と同じように、新しい教育制度のもとで都会と優劣のない教育を受け、ほとんどが東京の大学で勉強して、戦争を知らない世代として生き、さらに発展していく日本社会で仕事をし、子を育て、グローバルな世界で活躍もする人生を歩んだのである。

中学へ進むのは水田の家の子だけだったという寒村の曽呂村、中央政府からも、千葉県庁からも、そして鴨川市からも忘れられたような過疎村の曽呂村は、村としての共同体の存在感は薄くなっていったとしても、戦後の復興の中で新世代は、その恩恵を受けて育っていったのである。明治六年に学制が公布されたすぐ後の明治七年に分教場が全国に造られるが、曽呂村は明治七年に早くも分教場を設置している。鴨川地域はそもそもが教育に力を入れた政治体制を作っていたのだった。父が通った分教場には未だに古い建物が、崩れかけた姿のまま残されている。

町田の祖父母は水田家の人々を心から尊敬していた。田舎者丸出しのところもあり、家族制度の価値をそのまま内面化し続けて、女性はいつも後ろに引いているばかりに見える一族だったが、祖父母は、皆頭脳明晰で、人柄が実に誠実、優しい人ばかりで、自分たちの生き方や考えを曲げようとしない、立派に人生を生きる人たちばかりだと、いつも褒めていた。母の家族は、典型的な都市中産階級の価値を内面化していて、子供たちに高い教育を授け、国に役立つ人間になるように教育してきたのだった。しかし祖父母は自分たちの出自が群馬の田舎にあることを喜ぶ心、そして、戦争中の厳しさと戦後の発展を支えた地方出身の人たちへの応援の気持ちを持ち続けたのだと思う。

祖父母が亡くなり、長男の水田一家もほとんどが東京に出てしまうと、立派な長屋門を持つ水田の生家も、高齢化する叔母やその長男にとってはただ住みにくい場所になってしまったのかもしれない。叔母は作業小屋のところに簡易住宅を建てて、そこで暮らすようになっていた。美しい長女はしばらく西片町で私たちと一緒に暮らしたことがあるが、館山市の著名な医師に嫁いで、ゆったりとした暮らしをしていた。

城西大学の三十周年を迎えようとしていた時、同窓会の人たちから申し出があり、父の生家を修復することになった。当時の理事長であった母と私は久しぶりに曽呂の父の実家を訪れた。驚いたことに、家は全学連の闘志で、歌手の加藤登紀子さんと獄中結婚をして世間を驚かせた藤本敏夫さんが市の斡旋で借りていて、養鶏場を営んでいた。同世代としてよくその名を聞いていたその人は政治運動から身を離して、この田舎の自然の中で環境に気を配った農業をする人生に辿り着いていたのだった。

民家協会の方たちに教わりながら、地域の人々の多大な協力を得て、城西国際大学のキャンパスの設計者太田純穂さんの担当で、生家は昔ながらの美しい農家の姿をそのままに修復された。父はすでに亡くなっており、桃子叔母が竣工式には車椅子で出席して記者の取材にも答えてくれた。房総一帯の茅葺き屋根の丸い特徴を残した農家は登録有形文化財に認定されて、現在まで、多くの観光客を惹きつける鴨川市の名所ともなっている。

父が五百本の桜を植えて、水田桜と呼ばれている桜並木のある嶺岡林道に対して、コンクリートを敷いて道幅を広めようという計画が持ち上がったが、父は房総の外房と内房をつなぐ生活道路として大きな役割を果たしてきた道をそのまま残したいと考えて、林道のままに整備をした。その結果、曲がりくねった道の自然はそのままに保存されて、峠まで登り、そこから松尾を経て勝山町方面へ、また反対に、五十蔵を経て江見から半島先端の海岸のある白浜地方へ下る道が別れる地形がそのまま今でも残っている。

若山牧水の歌に歌われた嶺岡のなだらかな山並みと牧草の茂る牧場の風景を、父の心の故郷として、そして城西大学の学生たちの故郷として、そのままの形を留めることができたのは本当に幸せだった。

第五章　館山の家――政治家の娘

敗戦の八月には小学校の三年生だった私は、翌年安房郡の中心都市館山市に引っ越しをした。父が一九四六年の新憲法下最初の総選挙に衆議院議員への立候補を決めたので、館山市に選挙事務所を持ったからだ。館山市は勝山から数駅、房総半島の岬の方向へ行った内房総の海岸沿いの街で、北条、館山、那古、船形と外房へ続く山の方の地域などがあり、私たちは館山駅近くの北条に家を買って、そこに母方の祖父母たちとともに住むことになった。

敷地が三百五十坪ほどで、田舎町の家としてはそれほど広いことはなかったが、部屋数のある平屋の家と池や果物の木が多い庭があって、私は勝山から移って幼いながらつくづく広いなあと感心をした。離れは茶室に最適な造りで、祖母は早速茶道のお弟子さんをとり始め、庭には様々な茶花を植えた。母は接客のための別棟の洋館を建てた。天井が高く、大きなソファーやイスがあり、その奥に台所のようなお茶を出す部屋があって、そこから続く納戸のような部屋を通ると母屋の日本家屋へつながった。この洋館は安普請で、ちゃちな感じがしたが、窓が多く、日当たりが良く、ブルーの絨毯が異国風な雰囲気を醸し出して、私はそこに一人で座っていることが大好きになった。小学校四年生ともなれば、自分のことも気になり始め、世の中のことに少し違った見方をし始める、そんな頃だった。

家は館山駅前のロータリーのある広場から、海岸沿いに半島の先の白浜から外房線の終着駅の安房鴨川方面へと行く県道へ出て、その大通りを縦断して北条小学校（現中央公園）の方へ、そしてさらに嶺岡の山々を経て鴨川から外房へと続く北条地域の大きな通りから、二本奥へ入って、県道と並行する住宅地にあった。隣は私立の熊沢女学校（千葉県安房西高等学校）の小ぶりな校庭で、前は槙の垣根で囲われた大きな敷地のお屋敷があった。この道は短くてやがて突き当たり、左は県道へ、そして右に行けば北条通り（JA通り）とやがてどこかで合流して三好や平群などの山村へと続いていく道となっていく。戦災に遭わなかった地方の都市の昔ながらの構造がそのまま残っている場所だった。

駅前から県道へ出て、北条通りの交差する目抜き通りの角の建物の一部を借りて、父は選挙事務所を開いた。二階が今で言う対策事務所で、支援者が集まっては、マイクで道ゆく人に呼びかけをしたりしていた。選挙運動期間は確か三月で、北条小学校に転入する前だったから、私はよくその事務所へ遊びに行った。

父は四十歳だった。戦前は京都大学で反戦運動をして、戦争中は特高に見張られ続けるほどだったから、何のコネもなく、いわゆる地盤、カバン、看板がない、一介の若輩者だった。それでも自由党から出馬するための党の公認を得ることができたのだった。自伝の『蕗のとう』で書いているところによれば、面接時に鳩山一郎党首から「君は共産党ではないのかね、なぜ我が党から出るのかね」と聞かれたそうである。父は敗戦の間際に宣戦布告をしてきたソ連が信頼できないと言っていたから、日本の復興をスターリンの率いるソ連との関係に託すことに疑念を抱いていたことは確かであり、民主主義の発展こそが日本の繁栄を可能にするとも述べている。

敗戦後初めての選挙だから、日本中が新たな熱気に溢れていた。当時のニュース映像を見ても、日本にとっての大事な新たな一歩を踏み出すための、重要な全国一斉の活動であることの意義は大きかったことがわかる。日本で初めて女性が参政権を取得し、男女平等社会の実現へ向けての議員の選出の機会として多くの女性候補者が出た。戦争責任を問われた旧政治家や軍部の役員が皆政治から撤退させられている一方、戦争中に弾圧されていた反戦主義者や活動家の政治への晴れの表舞台進出の機会でもあった。

父の選挙事務所が特別な賑わいだったとは思えないが、母の必死の反対を押して立候補した父を家族全員が応援する様子は私には珍しい光景だった。幼い頃を含めて、子供の私の生活に父の姿が強い印象を残すような日常は初めてだった。

父は選挙演説の会場へ私を連れていきたがり、小さな子供が舞台に上がって、よろしくお願いいたします、と選挙応援活動をしたことが評判になった。次の選挙からは選挙法で子供は応援に参加できなくなったので、それが父の選挙の応援をしたただ一回きりの経験となった。私には衆議院議員とはなんであるかは全くわからなかった。ただ、父がそばにいることが嬉しく、応援しているという意識は全くなかった。父は人と会う時も私を膝の上に乗せて話をすることがしばしばで、選挙の時の短い日々が私が子供として無邪気に父に甘えていた思い出となった。選挙が終わると父と母はすぐに東京の東片町に家を借りて住むようになり、私たちは祖父母とともに館山の家に残された。

父の選挙区は当時は千葉県全県一区で、連記投票で十五人当選のうち父は七位当選だった。政治には何の人脈も持たなかった若い新人の父の七位当選は、父を応援してくれた郷土の人たちがいかに多く、それが大きなうねりとなったかを表して、新しい時代の幕開けを皆が感じたという。当選直後館山の家の玄関先で撮った写真があるが、そこに写っているのは親族だけと言っていいほど、家族と皆私も知っている人ばかりで、選挙戦が、大げさなものではなかったことを示している。二回目の選挙からは中選挙区になり、父の選挙区は千葉三区で、山武、東金から外房地域全体と木更津以南の内房地域と、千葉県の南端から外房地域となった。当選者枠は五名で、連記投票もなくなった。その後父は連続十三回当選、三十年国会議員として務め、国会から表彰された。父の死の二十年後日本は小選挙区制に変わる。

二回目からの中選挙区制での選挙は、父個人の選挙であっても、五人中何人自民党が確保できるか、という戦いにもなっていき、競争のあり方が変わっていったということである。父は選挙中は全国遊説に飛び回り、その間母が選挙活動の指揮をとった。

一九五三年、父は欧州諸国の選挙制度の視察に初めて外国訪問をした。視察団の団長として日本を発つ父を羽田空港へ見送りに行った時の写真が残っている。女性議員、中山マサ議員と他数名の議員とともにプロペラ飛行機のタラップに写っている父は四十代半ばの若い議員の姿だった。

館山の家での生活は、父や母がいないことで、私には毎日が自由に遊び回ることのできる日常になった。新しい北条小学校では、戦後の民主主義教育が始まって、先生方も戸惑いが多いように見え、叱られることはほとんどなくなった。勝山時代はクラスの誰かが叱られると一番先に泣き出すので困ると母が先生から苦情を言われたほどに泣き虫だったらしいが、北条小学校の四年生ともなると自分で自分のことが少しわかるようになってきていたし、俳句や詩で県の賞をもらったり、音楽が得意になったりした。

しかしなんといっても、放課後多くの友達と家で遊んだ思い出が鮮明である。庭には果物の木が多くあったので、みかんや桃を採って食べたり、木を登って屋根に上がったりして一日中遊び呆けた。祖父母は自分の子供たちを厳しく躾けた教育パパとママだったという評判だったが、孫の私たちには大変優しくて、親と離れていることを可哀想がり、何をしても叱ったりしなかったのである。祖父は俳句を作らせてくれたし、祖母はお茶の席に座らせられた時でも、褒めることはあっても、あまり厳しく指導はしなかった。中学生の姉はどんどん背が高くなり、長い足を立膝をして座るのを、帰ってくる度に母に叱られていたが、祖父母は姉を「脛長彦」と呼んで行儀を正すことはなかった。祖父母のもとで私たち姉妹は野放しだった。後になって母から、収穫を楽しみにしていた果物を皆子供軍団に食べられてしまったことや、屋根の上で遊ぶ子供たちのせいで、すっかり瓦が歪んで雨漏りをしたことなど、随分と祖父母を困らせていたことを聞かされた。

毎日友達とリヤカーに乗ったり、載せたりする遊びや、前の屋敷の槙の垣根から中を覗き見したり、隣の女学校の校庭へ忍び込んだり、たわいない遊びに明け暮れていた。その友達の一人、山口洋子ちゃんとは今も手紙や折々のハガキのやり取りをしているのだから、本当に仲良しだったのだ。

祖父はすでに逓信省を退職していて、一日中俳句を作っていた。富安風生先生が安房へ吟行に来られた際にはお供をしたり、家にお招きしたりして、句会を開いたりしながら優雅な老後生活を楽しんでいる様子だった。祖母はお茶の先生業にますます精を出して、離れのお茶室で、毎日お弟子さんたちにお稽古をつけていた。お弟子さんの数も増える一方で、小学校の教師を結婚で辞めた祖母にとっては、本来の自分を取り戻したように生き生きとした生活だったのだと思う。館山の家は祖父母にとっての終生の住まいとなり、祖父が亡くなってからも、祖母は一人で暮らし続け、東京で一緒に暮らそうという母の勧めを拒み続けたのだった。庭の茶花やイチゴなどの栽培にも精を出し、私たちは汲みとり口から庭の隅の畑まで桶を担がされて閉口したものである。おかげで戦後のこの時期は食糧難にもかかわらず皆生き生きとしていたのだった。

父は代議士になって、土地の「名士」になったので、祖父母にとっても皆に親切にされることが多く、居心地が良かったのだと思う。祖父母の父びいきは大変なもので、若い頃の大学を出たばかりで就職先もなかった父に一人娘をやるということを決めたのだから、父の人柄をよほど見込んでいたのだと思う。母は私たちを心配してちょくちょく帰ってきたが、その都度バイオリンなどを買ってきてくれた。私はバイオリンよりも、勝山時代に東京空襲から救い出された蓄音機でかけた英語のレコードの方を聴き続けてすっかり歌えるようになっていた。バイオリンはついにうまく弾けないままだった。

館山の家には池があった。庭に池があるのは縁起が悪いと、私の留学後にその池は潰されてしまったようだが、その当時家族には縁起を担いだり、占いに頼ったりする者は一人もいなかった。その池には大きなガマガエルがいて、その鳴き声は恐ろしいくらいに大きかった。東京に移ってから、いつ頃かは覚えていないが、そのカエルはどこかに行ってしまったということだ。そのカエルは私たちがいても物怖じせず、茶色の、かなり見場の良くない姿を堂々と見せて池の縁に座っていた。カエルは庭の風物だった。房総には大きな家蜘蛛も多かった。茶色で実に大きい蜘蛛が、家の壁に張り付いていた。毒もないし、家の中の害虫を食べるからと、誰も気にかけないでいた。夜中に起きた時に暗闇で何かを踏んだと思っていたら、朝になって大きな蜘蛛の死骸が床にあったことなどを思い出す。

館山の家にネズミは出なかったし、ヘビもあまり見かけた記憶はない。房総半島はマムシで有名で、父の生まれた曽呂村などは、夏には夜は皆長靴を履いて道を歩いたものである。ヤモリやムカデなどはよく見たし、夏には、蛾が引っ切りなしに入ってきた。祖母はアゲハチョウやモンシロチョウを来させたいと、いろいろな花を勉強するようになった。館山時代にはさすがに髪にシラミを住まわせている子供はいなかったが、蚤やシラミはいたのだろうし、ハエや蚊は家の中を自由に飛び回り、クマンバチは庭に大きな巣を作って退治するのに大変だった。春にはツバメが軒下に巣を作り、鳥は果物を食べに一日中庭に来ていた。開放的な日本家屋は、縁側からすぐが庭で、土に近く、ミミズはもちろんのこと様々な虫がいた。庭に果物の木があり、畑もある地方都市の家には様々な虫が共生していたのだ。なんといっても大小の蜘蛛が家の中のあちこちにいたのである。

館山には鶴谷八幡宮という大きな神社がある。父の通った安房中学（現安房高等学校）はその神社に面していて、父は選挙に出た時に守り神様だと必ずご挨拶に行っていた。そこの祭りは大変有名で、神輿と屋台が幾台も出た。父が代議士になってからは、屋台や神輿が、家の前の通りにもやってきて、祖父母は門を開き、皆にお酒や水、食べ物を振舞った。ところがそのあと、祖母が丹精して植え育てた茶花が皆踏みにじられてしまっていて、祖母の落胆は大きかった。それでも毎年小さな草花を植え続けた。八幡神社の境内には父の死後銅像が建てられているが、後年安房高を訪ねた時、柔道部の先生が、柔道部の部屋に飾られている父のその頃の写真を案内してくださり、柔道部は朝練の前に、父の銅像の拭き掃除をすることを話してくださった。父は政治家としてではなく、安房中を全国優勝へ導いた先輩として尊敬され続けていたのである。

館山の家はまだ電気冷蔵庫以前で、氷を入れる冷蔵庫だったので、氷を買いに氷室へ行くことも楽しみの一つだった。群馬出の祖母は榛名湖が凍ることや、氷を切り出す様子などを話してくれた。そこから大きなトラックに積み込まれて東京や房総まで運ばれてくる様子を話してくれたのだが、温暖な館山の生活では想像もつかない風景だった。祖母が最初に教えた小学校は伊香保町で、のちに林芙美子の『浮雲』の映画を見たり、城西大学の父母後援会で訪れた時は、いつも祖母のことを思った。その当時の生徒だった人たちの幾人かは土地にいて、その中の一人は大きな旅館の主人になっていた。その人の息子さんが城西国際大学に入学した。彼は父母後援会の会長を引き受けてくれた。若い頃の祖母の話も大層面白かったが、祖母の生徒には群馬県選出の代議士や大臣になった人もいて、祖母のことを覚えてくれている人も少なくなかった。

冷蔵庫は小さかったから、ごくわずかな生ものだけを入れて、毎日の食料品は近くの店へ祖母の買い物についていった。祖母は天ぷらが好きな祖父のために魚をよく買って、房州はすごいね、といつも店の人に言っていた。海のない群馬では新鮮な魚を手に入れることは贅沢の極みだったのだろう。戦後すぐの館山も食糧難だったが、野菜や果物は豊富で、食べ物に不自由はしなかったように思う。祖母はお蕎麦を自分で打ったが、上州の蕎麦の美味しさは到底出せないと悔しがっていた。こんにゃく好きも大したもので、その影響で私がアメリカ留学中に最も懐かしかったのがこんにゃくだった。いくら房州が気に入っていても、祖父母は群馬の食事も懐かしかったのだろう。

菓子類はほとんどなく、私は田端時代から引き続き甘いものを知らずに育った。買い食いを禁じられていたので、母が東京からおせんべいを持ってきてくれた時には、本当に美味しいと思ったことを覚えている。祖母は、こんなものは自分でも焼ける、と盛んに言っていたが、一度も焼いてくれたことはなかった。今では千葉はおせんべいの名産地である。その頃祖母がお茶のお菓子に何を出していたのかは知らないままだったが、後になって、古いお弟子さんの一人が、芋ばっかりでね、と祖母と笑っていたのを聞いたことがあった。お茶葉や抹茶も入手困難だったそうで、他の流儀の先生のところではお茶が薄くて泡が立たない、など色々と話を聞いたものである。

館山港はこの地方の大きな漁港で毎朝の市場の賑わいもあったが、戦争中は軍部の基地があったので、空爆の的になることもある、どこか機密地域でもあったのである。敗戦直後は基地駐在の将校たちが暴動を起こすかもしれない、また兵隊さんたちから彼らが標的になり危険にさらされるという噂が立ったこともある。館山湾は東京湾の出口に近い大きな湾で、波立ちの少ない穏やかな内海を形成していた。鏡ヶ浦と呼ばれるくらいに、一枚の鏡のように張り詰めた水面が三浦半島の上にそびえる富士山を大きく映し出す。どこか雄大で、おおらかな、威厳のある風景を展開している。父に連れられて、長い館山桟橋の先まで行き、そこで見た東京湾に沈む夕日は、忘れられない風景となっている。勝山の竜島湾は小さく、物語の中の隠れ里のようにひっそりとしていたが、館山湾は外に向かって開けていて、同時に広い東京湾の入り口を守る凜とした気配を漂わせている。対岸の三浦半島は相模湾の入り口だが、鎌倉時代の頼朝の逃走が示すように、東京をバイパスした交通路となって人の移住や交流も盛んだった。浜辺は館山海岸から北条海岸まで長く続いていて、この水泳場として人の集まる浜辺もまた、竜島のプライベートなひっそりとした佇まいとは対照的だった。勝山は松林が残る避暑地の雰囲気を持つ漁村だが、館山は地方の大都市なのだ。

館山時代の思い出に、天津から引き揚げてきた伯父一家、中でも、従姉妹、従兄弟たちとの交流がある。父母は北条の家を見つけるまで、駅から大分離れた館山港に近いところに家を借りて、選挙の準備などをする生活のベースにしていた。そこもまた敷地が広く、家自体もかなり大きくゆったりとしていた。門の脇にざくろの木とイチジクの木があり、どちらも実をたわわにつけた。木々のそばには井戸もあった。アラビアンナイトの話には砂漠のオアシスにデーツやイチジクの実が現れるが、ざくろとともに異国情緒いっぱいの感じで、館山時代の思い出の風景となっている。

そこへ天津で海運会社を経営していた父の次兄二輔伯父一家が引き揚げてきたのである。千代子伯母は四国の出身で房総には縁者がいなかったし、伯父一家が千葉へ帰ってそして父を頼ってくるのは当然のことであった。天津では羽振りが良かった伯父一家も、日本の敗戦とおそらくは命からがらの引き揚げの船旅で疲労しきっていた。一家が初めて家に入ってきた時のことは忘れることができない。父よりもさらに大柄な伯父、地味な感じの伯母と二人の若い女性の娘たち、そして、姉と私とはそれぞれ一つ年上の少年の息子たちが、皆大きな風呂敷包みを背負って隊をなして門から入ってきた。上の従姉妹たちはもう年頃と言っていい女性たちで、口紅を塗っていたことを覚えている。もんぺではなくズボンを穿いていて、どこか異国風で華やかな雰囲気を持っていて、見慣れた田舎の日本人の女性たちとははっきりと違った印象だった。やがて上の従姉（正子さん）は館山で評判の美人として戦後の地方の若者たちの間でもてはやされるようになった。間もなく土地の由緒ある商店のハンサムな長男と結婚し、実業家としての実力を発揮するようになる。下の従妹（友子さん）はおとなしいが自分の考えをしっかり持った女性で、勉強に精を出して外務省に勤めるようになり、自立したキャリアウーマンの道を選んだ。生涯独身で東京での一人暮らしを貫いた。私はこの容貌も性格も生き方も違う、全く対照的な二人の従姉妹たちを、遠くから眺めているだけだったが、戦前、田端の家に天津からお里帰りをしてくる時の伯父一家の綺麗な服を着たお人形のようなお姉さんたちから、キラキラしたセロハンで包まれたチョコレートをもらった時のことを思い出して、不思議な気持ちになったものだった。チョコレートの包み紙は、ずっと大切に箱にしまっておいた。

外地からの引き揚げはそこでの生活の全てを失う経験で大変きつかっただろうし、引き揚げの船旅は身体的に困難な旅であったことは一家の疲れ方からもよくわかった。しかし、彼らは皆大変プライドが高く、精神的にへこたれたりする様子は人に見せなかった。贅沢な生活から一文無しで帰国し、親戚の家に居候をする生活への変化は、自尊心を傷つけたであろうことは明らかなのに、母の献身的な世話に対しても、どこか頭を高く構えているようなところがあった。若い従姉妹たちにとっては、何もわからないままに歴史に巻き込まれて、急に逃げなければならない理不尽な経験をしているのだった。怒りや反抗心を内に持ったとしても不思議ではない。天津での生活との暴力的な断絶と引き揚げの卑屈な経験が、それからの従姉妹たちの人生に、同じ戦後第一世代であっても、日本の戦後の若い女性たちとは違った大きな影響を及ぼしたことは確かだと思う。

従姉妹たちはそれまで日本での生活をほとんど経験したことがなかった。彼らは日本を知らないで成長したのだ。敗戦で荒廃した日本、そして古い習慣の残る地方都市での生活を彼女たちがどのように感じ、日本人と自分たちとの違いとそのギャップにどのように対応しようとしたのか、彼女たちの内面の思いを私は知らないが、どこか揺るがない自己主張を内に秘め、一人は反抗的なほど派手に、わがままに、そしてもう一人は他者には無関心な単独者の姿勢で、それぞれ自分の道を行く女性たちは、引き揚げ者というよりも、祖国に帰還しながら、自分たちをよそ者であると感じる異邦人意識を持っていたであろうことは想像に難くない。祖国離脱者ではないにしても、帰還者のはみ出し者意識を自己意識の根底に持ち続けたのではないだろうか。その意識と内地日本人への違和感を持って、たくましい生き残りの生を生きようとしたのではないだろうか。

下の男の子たちは、同い年に近い私たちには大変横暴でいつも大威張りだった。美味しいものを食べ慣れていて、大勢の召使いたちに囲まれて、自分たちは偉いと思ってきたのだろう、周りの人にも横柄な態度だった。私たち姉妹は、この従兄弟たちとは、小学校も中学も違っていたが、歳が近いせいでよく一緒に遊ぶ仲になった。それでも私はいつもいじめられたり、してやられる側で、体の大きな彼らはボス気取りの振舞いを続けた。のちに私たちは東京へ引っ越しするが、彼らは大学に行くまで館山の学校にいて、ともに高校の野球選手になって活躍した。彼らは私にカーブやナックルボールの投げ方などを教えてくれたし、カーブボールの見分け方も教えてくれたので、私はいっぱしの野球少女だったらしい。遊びの少なかった敗戦直後には、女の子も男の子と一緒になって、棒切れで球を打って遊んだのである。ずっと後になって、一九八〇年代の終わり頃、アメリカから帰ってきている時に、私は北条小学校でキャッチャーをしていた男の子で渡邊さんという男性に偶然銀座で出会った。ともに夫婦連れであったが、話に出たのは野球をした時のことだった。その子によると私は名ピッチャーだったそうで、二人とも、その時の思い出をずっと持ち続けていたのだ。

二人の従兄弟の横柄な態度は伯父譲りだった。伯父の態度はボスの態度そのもので、特に母に対しては三男の嫁扱いだった。引き揚げてきた夏、居候をしている家で、暑い道を歩いて帰ってきた母が風呂に先に入ったと、ひどく叱られたことがあった。

伯父は見たところも豪傑で、水田家の男兄弟たちの中では、最も頭が良く、行動力にも優れていて、その上植民地天津での海運業に成功していたので、皆から一目置かれてもいたらしい。弟たちにも影響力を発揮して、その代わりに昔はよく面倒を見たということである。父のことはもちろん、水田家の人々の悪口や文句を言ったことのない母だが、この伯父に関しては大変厳しい評価で、いつもその態度だけではなく考え方にも批判的だった。伯父は館山に落ち着く間もなく、いろいろな事業を企画し、その大半がうまくいかなかったので、その度に尻拭いを父がしていたそうである。父は山村に育った兄弟を皆励まして教育を受けさせるように父親に交渉し続けたこの次兄が大好きで、引き揚げ後の相次ぐ事業の失敗からの屈辱をなんとか軽減してあげたいと考えていたようである。弟たちに家や田畑を売らせてその資金で彼らを株主に仕立てて始めた事業が失敗した時は、父母は弟たちの土地を買い戻すのに奔走した。父や母は決して金持ちではなかったので、よほど母はこたえたのだろう。それ以来伯父は母には出入り禁止扱いにされた。

国会議員として中央で活躍するようになっていく父を故郷の人たちは温かく、心から応援してくれていたので、伯父が事業で失敗し、いろいろな人に迷惑をかけ続けることを母は大変心配していた。しかし伯父はやがて、千葉県の金谷港と久里浜港をつなぐ東京湾横断フェリーの会社を設立して、事業に成功した。事業がうまくいかないときでも、母によれば子煩悩の伯父は子供たちに高価なステレオなどを買い与え、私立大学へ行ってからも家庭教師までつけて落第しないようにした。母はだから子供たちが甘やかされてしまうのだと言っていた。

しかし私たちにとっては、従兄弟は従兄弟で、母もまた、彼らが東京に来ると優しくして何日も家に泊まらせていた。私は彼らの人生に深く関わることも、その内面に関心を持つこともないままに自分の道を進んでいくようになるが、彼らが私の幼年期の記憶の風景に強烈な印象を刻んだことは確かなのだ。疎開先の勝山から館山へと理由もわからないままに居場所を変えていった敗戦後の生活の中で、不意に現れた風呂敷包みを背負った家族の姿は、惨めったらしくうなだれているどころか、傍若無人なよそ者の巨人たちが侵入してきたかのようだった。その思い出の光景はどこか神話的な匂いのする遠い異国の風景のようなのだ。彼らは皆個性的で、日本の家父長制家族の中の女性や子供たちとは明らかに違って、模範生とは正反対の、世間の評判を気にしない、自由な異邦人のような人たちだったのだ。

私にはその後の彼らの人生が順調であったかどうかはわからない。法事で親戚が集まる時に、彼らが出てくることは少なく、一人はアフリカに行ったということであった。従姉妹たちの一人は外務省勤務を定年まで勤め上げたし、館山で事業家になった上の従姉は事業に失敗したり、家族の問題を抱えたりしたこともあったらしいが、子供たちに後を継がせて、たくましく自分なりの華のある人生を全うしたと聞いている。

父は受勲をした時、母に伯父と囲碁を打ちたいと言ったそうである。母はあまり交流がなくなっていた伯父を招いて、二人は思う存分囲碁をしたと聞いている。父は伯父のことで迷惑をかけ続けた母に気兼ねをしていたのだと思う。その頃、私はアメリカの大学で教鞭をとっていたのだった。

館山時代は父の時代の幕開けだった。敗戦によって、父は自分のやるべき仕事、生きる場と生き方を見つけたのだ。公的な、社会的な居場所を得たことで父としての存在感は高まったが、家庭内での父の力は大きく凋落した。母なしに政治家の家庭は機能しないことが明らかになったし、家族としての営みはすべて母中心で進んだのだ。母は父にとっても、私たちにとっても、そして水田家にとっても、不可欠な力を持つようになった。それは戦前の夫は外で仕事、妻は家庭の中という性別役割分担に、主婦の社会的な存在意義が正式に認められたことでもあった。主婦は陰の存在ではなく、実力者となったのである。

しかし、そのような生き方は母にとってはどうであったのだろうか。今では全く当たり前の参政権や親権なども母はその時初めて女性として得たのであった。戦後の選挙では現在までの歴史で最も多くの女性議員が誕生したし、女子大を卒業した女性たちの多くは国立大学に入り直して、学者や医者、国家公務員のキャリアに進む人もいたし、海外の大学へ留学して、独自な人生を歩んだ女性も多かった。戦後の転換期に、女性にはそれまでになかった人生の道や社会進出の機会が開かれていたのだ。三十歳を過ぎたばかりの若い母にはそのような可能性を開拓していく将来が見えたはずである。

その反面、戦後の日本には戦争未亡人や原爆の被害者など、多くの戦争犠牲者がいた。敗戦直後は男たちと同じように闇市でも働き、内職をし、売春禁止法ができるまでは色街でも働いた。そのようにして生き延びた女性たちだが、次第に、復興した企業での仕事は性別格差が定着し、女性の給与は男性のそれより低く、専門職への道はほとんど閉ざされていくようになる。一方では核家族の一般化で、夫は仕事、妻は家事育児という分担が再び一般化していき、女性は以前と同じように家庭に封じ込められるようになっていく。戦後の復興は、男性にとっては経済発展の戦士としての役割を、女性にとってはその男性の労働力の再生産と子供を産み育てる生命の再生産を担う家庭内での役割に、定着させられていくのである。

疎開中にリーダーとしての資質と能力を自ら見出した母にとっては、戦後自分のキャリアを育てる機会はあったと思う。教師としての職業に誇りを持っていた祖母は、長女には教員になる道を選ばせていた。しかし母は政治家の妻として、父とともにその道を歩むことを決めたのだった。結婚する時に、政治家だけにはならないと約束させられた、と父は自伝で書いているが、母はそれほど嫌っていた人生の道を選ぶことが、自分のキャリアでもあると考えたのだろうと思う。それは全くの裏方の役割だが、実際には地域の人々との交流が最も大きな仕事である役割であった。疎開での経験から母はそのことに自信を得たのだと思う。母はのちに自分の会社を経営し、また、高等学校や大学の理事長として教育事業に携わるようになるが、それらは父の遺志を継ぐという目的を持ったものでもあり、母はあくまでも父の妻として、ともに生きていく道を選んだのだと思う。その意味でも、母は個人であることを追求する新しい女性というよりは、むしろ母系家族の女家長のようだった。そこには明らかに、祖母のＤＮＡが流れていたのだった。

母は都会の中産階級家族の娘として女学校は出たが、日本女子大に一年ほど在学したといっても、学者や研究者になる修行や勉強はしていなかったし、作家や芸術家でもなかった。特別な技能も身につけていなかった。しかしそのどれをも選択して自分のものとする機会を、三十を出たばかりの母は持っていたのではないだろうか。父を助けるだけではない自分の仕事や生きる道を、母は、当時も、そして父の存命中は考えなかったのだろう。一九七六年に父が亡くなった直後に、選挙区の支援者の方たちが、母に選挙に出てほしいと正式に頼みに来たことがあった。母は地盤を継ぐにふさわしい人だと考えたのだろう。しかし母は頑としてそれを受けなかった。その代わりに、父の創立した大学の理事長を引き受け、以来二十七年間全身全霊で大学の発展に尽くした。それは父との人生を全うすることであったのだ。

私たち家族も母が代議士に出ることには反対した。何よりも、政治家としての仕事はきついので母には気楽で自由な晩年を過ごしてもらいたいというのが私たちの願いだった。すでに女性の時代は大きな転機に来ていたが、男女雇用機会均等法ができるのはまだ十年先のことだった。頭の良い母も、自立した政治家として活躍するためには、政治家の妻という長年の役割が役に立つとは思わなかったのだ。自分が新しい時代の女性政治家として貢献できるとは思わないという母の自己評価を、私はさすがだと思い、母の決断を尊敬した。

母は一九七六年、父の没後に大学の理事長になると即座に女子短期大学を設立して、社会で活躍する女性のための教育プログラムに熱を入れた。それは戦後の女性・ジェンダーをめぐる変化を肌身で経験しながら、妻であることに甘んじた母の積年の夢だったのかもしれない。

伊香保の祖母の生徒さんの旅館で私は、祖母だけではなく母の戦後の生き方についてよく考えた。母は生涯父にとってはかけがえのないパートナーで、家庭の中では母の力の方がはるかに大きな影響力を発揮していたばかりでなく、水田家という家族共同体にとっても、その維持やまとまりを保つための中心的役割を果たす存在だった。戦後家族内での力のバランスは、母の力の上昇に比例して父の力の弱化という、洋の東西を問わず、女性の平等獲得の歴史では、古くて新しいあり方だった。政治家としての父は国際社会でも活躍するようになり、日本の経済復興を支える重要な仕事を次々とこなして、大変忙しい年月を過ごした。選挙は母にとっては責任の重い、身体的にも大変な仕事で、終わった後は、ひどい時には数ヶ月も全身の湿疹が治らない時もあった。私たちは杉の葉や柿の葉など、シップに効くという植物を近所にもらいに行ったものである。

母は疎開中は自分が主役の、責任のある生活を見事に生き抜いたが、戦後は政治家の妻としての役割が、公なのか私的なのか境界線が曖昧な生活の中で、父にとって母の存在が必要になればなるだけ、不完全燃焼な自分を感じていたのかもしれない。大学の理事長になってからの晩年においても、母はまだ知名度の低い大学を盛り立てようと、猛烈に忙しい生活だった。母は少しも変わることなく、「肝っ玉おっかあ」でい続けたのである。

私の館山時代、母はすでに東京に戻っての仮住まいだったが、洋服を着ることが多くなり、髪にはパーマをかけて、館山ではダンス教室に通って社交ダンスを習った。建て増しした洋館で母は一人で練習をして私にステップを教えてくれたこともあった。それが悪口の種になり、母は祖母に叱られたそうであるが、母がダンスをやめることはなかった。正月に父が帰ってくると選挙区の人たちや郷土の人たちが大勢家に来て家中は大変な騒ぎだった。母は大きな魚を何匹もさばいて食事を作り、私たちは玄関で下駄番をさせられた。中には父がいる間中毎日来てくれる人もいて、総じて百人は優に超える来客に、私たちはお正月に晴れ着を着たことなどは一度もなかった。

館山時代は二年ほどで短かったが、父母と離れて祖父母と暮らす日常で、庭仕事や肥やし担ぎをし、祖母から日本の古典文学について色々と聞いて教わったし、俳句も毎日作った。お茶の指南も受けた。お小遣いはなく、近くの店に何かを買いに行くことは「買い食い」と言われてダメだった。その頃から自転車に乗り始めて、私はよく祖母を後ろに乗せて役場へ行ったりした。ある時、祖母が落ちてしまい、唇を紫色に腫らせてしまった。私は申し訳なくて泣いたが、祖母は平気な顔をして、薬もつけなかった。小学校四年生の自転車に乗せてもらうには勇気がいると祖父はかえって感心していた。

館山の家の風呂場は外にあった。祖母は風呂から上がると食卓に鏡を立てて、クリームを首から胸まで塗って肌の手入れを怠らず、ある時は白髪染めをして、私は仰天したことがあった。祖母の白髪姿を見たことがなかったからである。祖母も母も朝家族の前に出る時には決まって身支度を終えていたので、稀に見た祖母の風呂上がりの様子は驚きに満ちていた。他方、おしゃれで有名だった祖父は毎朝鏡の前でごま塩の髪を櫛で真ん中で丁寧に分け、口髭を整えた。それは私が知っている限り生涯変わることのない毎朝の行事だった、その時には祖父はすでに身ごしらえを終えていて、いつもの着物をきちんと着ていた。私は毎朝そばでその様子を見ながら、絵に描いたような日常の決まりをこなしていく祖父に畏敬の念を感じたものだった。酒に酔っ払ったり、夜更けまで大勢の人たちと話し込んだり、碁を打ちながらあたりに灰を撒き散らす父とは全く違っていた。祖父も祖母もお酒を一滴も飲まなかった。

勝山町と館山市で過ごした小学校時代は、私の子供時代の思い出の中心を占めている。それは失われた楽園のような、信じられない子供時代の私の姿を残している、夢の風景の記憶となっているのだ。小学校の五年生で東京へ移ってから、私は雙葉学園というキリスト教の私立学園で勉強することになり、それからは学校生活も家での生活も全く違うものとなっていった。それはあまりにも激しい変化だったので、私の性格形成や考え方、そして情緒的な面でも、その変化は「断絶」というに近いと言えると思う。それは自意識の形成なのでもあり、私の子供時代は館山で終わるのであった。

第六章　東片町の家

衆議院選挙当選後、父母は東京に住むようになった。私たち姉妹は祖父母とともに館山にそのまま住んで、私は小学四年生に、姉は中学二年生になって、館山市のそれぞれの学校へ行った。父母は本郷の東大農学部前の東片町に家を借りて、父はそこから都電に乗って国会へ出かけるようになった。三月十日の大空襲で田端の家は全焼したし、五月二十四日の大森地域の空襲で祖父母の家も焼けてしまったので、東京に住むには家を借りなければならなかった。一九四六年、東京は復興もまだ進まず、焼け野原のままで、空襲を免れた地域で借りることのできる家は大変少なかった。国会議員の宿舎などもなく、十日の東京大空襲ですっかり焼け野原となっていた。一晩で十万人が死ぬという凄まじい空襲の爪痕がまだ生々しく残っている地域でもあった。国会に近い場所となるとやはり土地勘のある文京区あたりの焼け残った場所を選んだのだと思う。東片町の家の一階の二間を借りるのがやっとだったのだろう。二階には女性が一人住んでいた。

この狭い家に私たち姉妹は一九四八年から父母と一緒に住むことになった。私が雙葉学園の五年生に編入試験で受かったことや、姉の高等学校が始まることなどがその理由だったと思うが、とにかく父母は私たちを祖父母に預けっぱなしではいけないと考えたに違いない。

それ以前は母は私たちを東京に連れてきては銀座通りと有楽町の中間あたりにあったフルーツパーラーでアイスクリームやプリンを食べさせてくれたが、借り家には泊まっていくスペースがなく、日帰りで館山へ帰るのがいつもだった。両国駅まで母が送ってきて、そこから席が取れないこともあった内房線に乗って姉と二人で館山へ帰るのだった。その頃の汽車はものすごい混み方だった。

有楽町界隈は戦災を免れた盛り場でガード下には焼き鳥屋やカストリなど酒を飲ませる屋台がひしめき合っていたし、その頃ストリップショーをしていた日劇のある数寄屋橋から日比谷公園までの通りも屋台がびっしり立ち並んでいた。銀座四丁目の服部時計店あたりには進駐軍のためのPXがあって、銀座通りには女性連れのアメリカ兵が目立っていた。その銀座通りも新橋の方へ向かっては闇市が立っていたし、反対方向の日本橋から三越百貨店を通り、神田や須田町、岩本町、そして本郷通りに入る秋葉原近くまで、道の両側に屋台がびっしり出ていて、白い服の傷痍軍人がそこここに立っていた。

須田町から淡路町、神田神保町、そして皇居のお堀端を経て靖国神社を通り、新宿へと続く靖国通りは空襲から逃れた地域だったが、中でも本屋街の神保町はアメリカ軍の空襲マップから意図的に削除された保護地域だった。日本美術研究者のラングドン・ワーナー博士が皇居、上野博物館、神田神保町、御茶ノ水などを保護するように必死でアメリカ政府に働きかけたということである。彼はのちにアメリカで初めての日本美術学科をハーバード大学に設立したことで知られている。

旧加賀藩屋敷跡に立つ東京大学は、須田町、岩本町、淡路町、駿河台、小川町、神保町と続く低地を走る大通りから、これも道幅の広い大きな坂を上って、御茶ノ水で外堀を越えた先に広がる本郷台地にあり、その広い台地一帯は戦災に遭わないままだった。東京大学の裏門からは上野池之端、根津、谷中、千駄木、日暮里から隅田川へ急な坂を下りていき、その途中で上野博物館、芸大、西洋美術館などのある上野の山がまた狭い台地の一画をなしていた。本郷台地は隅田川と皇居の外堀までの間に位置する、いわば、江戸の街外れ、江戸の行政地域の境にあたる地域に位置していて、その中央を走る本郷通りが、日本橋から昭和通りで秋葉原まで来て、そこから神田明神、湯島聖堂、本郷三丁目から東大赤門、正門、農学部（旧一高）、白山上、団子坂上から駒込、王子へと続いていく江戸一番に広がる広い台地である。

本郷台地一帯はこのように加賀百万石屋敷を中心として、大名屋敷、上野や、湯島聖堂の学問所、谷中の寺町、湯島神社や根津神社、神田明神などに囲まれた坂の多い街だった。政治、商業地域からは離れた教育や宗教の区域と言っていい。戦災に遭わなかったので、戦前の東京の雰囲気、そしてさらに江戸の風情が残っている街並みが続いていた。

東片町は現在東京大学と農学部のキャンパスを隔てて隅田川へと続く言問通りと本郷通りが交差する弥生町を少し過ぎて、本郷通りから分かれて中仙道へ続く旧白山通り（現在の国道一七号線）と、駒込へと続く本郷通りの間に位置する狭い地域で、本郷通りに面した追分町から細い道を入った一帯だった。追分町というからおそらくは加賀藩の馬の世話係たちが住んだ一画なのだと思っていたが、そうではなく、日光へ続く御成道の本郷追分宿のあった場所で、栃木へと続く道にはいくつかの追分宿があるが、その江戸での最初の馬休め、足休めの宿場だったそうである。それほど、本郷は江戸の町外れ、郊外への第一歩の場所なのだった。

私たちが住み始めた頃には草野心平さんが「呑ん兵衛」というおでん屋を出していたので、追分町は作家や詩人たちには馴染みのある場所だったらしい。ずっと後になって父が創立した城西大学の学歌の作詞は草野心平さんがいいと言ったのは父だった。だがその頃は将来大学を作るなどとは考えもしなかったであろうし、おでん屋とも詩人とも関わりがなかった。東片町は現在向ヶ丘という地名一帯の一部になっていて、東片町という名前は残っていないが、西片町の対になる地域としてつけられた地名であるだろう。片町という呼び方は、例えば飯倉片町などのように江戸時代にはよく使われた地名だったのだと思う。東片町は西片町とは違ってとにかく狭い地域で、そのほとんどが「しもた屋」というのが適当な、門がなく道に面して玄関のある庶民の住居が屋根を並べて建ち続く町だった。道からすぐ家に入るのは、時代劇で見る長屋のような感じがした。家は玄関に一畳ほどの畳敷きの間があり、その先に六畳と八畳ほどの部屋があり、短い廊下を隔てて台所があった。八畳間の外には狭い廊下とその先に濡れ縁があって、そこから少し下の家の中がよく見えた。お習字の先生の家だったので、墨の匂いが漂ってきて、それが気持ち良いと母が言っていた。

その家に天津の伯父に勧められて中国の同文書院で勉強をしていた父の末弟が引き揚げてきた。田端の家で私に英語を教えてくれた結叔父の弟で、五一叔父といった。水田家の男の子たちは顔つきが似ていて、体の大きさだけが、下に行くに従って小柄になっていったが、皆父に似た柔和な面ざしだった。祖母にも祖父にも似ていて、皆一目で兄弟だと感じる雰囲気を持っていた。五一叔父は六男なのでそう名付けられたと聞いた。

父の長兄は一、次兄は二輔、三男の父は三喜男、次弟は四方太、その下が結、そして五一叔父だった。叔父は、歯に布着せず物事をはっきりと言う、大変辛口の批評家で、その後千葉県の高等学校の教師になった。私は高校時代にこの叔父から率直な中国体験を聞いたことが楽しい思い出となっている。叔父はかなりの苦学生だったらしく、上海で浮かれていた日本人たちには大変厳しいことを言った。

その家で記憶に鮮明に残っているのは、国会から帰ってきた父が茶の間で横になっている姿や、よく訪ねてきた父と同郷の東大生とその友人の若者たちと碁を打ったり、時には麻雀をしている姿である。

その頃の父は国会からすぐに家に帰ってきて、夕食をよく家でとっていたが、体の大きな父が、浴衣や丹前姿で茶の間に横になると、それだけで茶の間のスペースは占領されてしまった。日本は占領下であったので、進駐軍との交渉や相談に出ることが多かったと聞いている。疲れて帰ってきたことはよくわかり、そういう時はいつもただ黙っていたが、決して暗い顔を見せることはなかった。しかし、その疲れ様は尋常ではなく、母から占領軍との打ち合わせで嫌なことがあったと聞かされることもあった。私は一、二度見たことのある日比谷の占領軍指令本部の入り口に立つ拳銃を持った背の高い米兵の姿を思い出し、そこから中へ入っていく父の姿を心に思い描いたりした。

同郷の友人などが来てお酒に酔った時には、父は実に元気よく喋り、本当に楽しそうであったが、母はそういう時も文句を言わなかった。水田家の人たちは皆大酒飲みだが、母の実家の人たちは少しもお酒を飲まないので、母も初めは驚いたと言っていた。その母も選挙で初めてどぶろくを飲まされ、その時のひどい苦しみ方はそばで見ていた私も今でもよく覚えている。祖母が心配して、背中をさすったり、汗を拭いてあげたりと大騒ぎだった。その母も次第に腕が上がって、晩年は大した酒豪であった。

戦争責任やレッド・パージで先輩のいなくなった国会運営と党の仕事で、父は第一回当選後早くから様々な要職についていたようで、私たちが一緒に住み始めた頃は党の政調副会長や大蔵省の政務次官にもなっていた。父がその頃どのような仕事を手がけたかは詳しくは知らなかったが、自伝によれば占領下で税制度を手がけたらしい。いわゆるドッジラインに関わる新たな税制の設定である。教育法や義務教育から大学までの教育制度に関する仕事も早くからしたようで、義務教育の国庫負担、ララ物資を使っての給食制度の設定なども父の仕事だったと、のちに文部省の方たちから伺った。ずっと後に私が城西大学の理事になってから、大学の仕事で文科省を訪ねたとき、体育関係部署の局長さんが、その当時の給食制度担当を務めたという。給食制度の設定は素晴らしい出来事で、やりがいのある仕事だったと、話してくださったことも、なんとなく誇らしい気持ちとなり、記憶に刻まれている。その局長さんの初めての仕事だったというが、若い父にとっても同じだったのではないだろうか。

同郷の若い東大生が、友人を連れてよく遊びに来た時には母と麻雀をしたり、父がいれば碁を打ったりして、食事もして、かなりの時間を家で過ごした。ちょうど大学を卒業する年にあたっていたらしいが、戦争と敗戦によって、人生の見通しが大きく変わったことへの不安を抱えていたのだと思う。彼らは私にいろいろなことを教えてくれた。まずゲーテについて、青年の悩みについて、そして、旅について。彼らは人間が精神的に成長するためには孤独な旅が必要なのだと言って、ヘルマン・ヘッセの東洋への旅についても話してくれたのである。法律を勉強しながらも二人は、かなりの文学青年だったらしい。そのために私はゲーテはともかく、ヘッセという作家の名前を覚えた。

戦前は、東大出は学士様と言われて、就職に困るということはなかっただろう。敗戦直後だから誰にとっても厳しい就職難なのは当たり前だったろうが、約束されていると思っていた将来が霧消してしまうような不安に駆られる人は多かったのだろう。戦後に新制大学ができて大学への進学者が増えてからでも、一九六〇年代の終わり頃まで、男子の大学進学率は十二％前後だったのだから、戦前の帝国大学生は一握りのエリートだった。彼らの中には苦学生も多く、それだけに苦労したことがどこか裏切られたような悔しい思いをしたことだろう。

やがて彼らは卒業して、同郷の相川さんは内閣法務局に、そして彼の友人の松山出身の松沢さんは特許庁へ就職して、日本の復興と発展の時期を、国家公務員として生涯地道なキャリアを全うした。就職してからも二人はよく家に来ていて、それは二人が結婚して家族を持つまで続いた。部屋数のない借り屋だったからこそ、私は他にいる場所がなくて、ずっと一緒に話を聞くことができたのだ。

玄関の前の細い道を隔てたお向かいの家族や、少し離れた近所に住んでいた王子製紙に勤めていた家族とは交流があった。そこには私たちより少し年上の「お姉ちゃま」がいて、その人の家へ幾度か遊びに行ったことを思い出す。広い庭があり、「お姉ちゃま」はお母様といつも一緒で、とても華やかな、見たこともないような化粧品や香水ビンの並ぶ鏡台があった、お姉さんは私の髪を結ってくれてリボンもつけてくれた。考えてみると母には鏡台もなく、化粧品も多くは持っていなかった。戦中も戦後もたくましく生きた母は、結構おしゃれだったにもかかわらず、化粧品や香水、リボンなどのある女性らしい自分の部屋を持ったことはなく、私たち姉妹も母の化粧品をこっそり使うなどといういたずら遊びを経験したことはなかった。

二階を借りていた中年の女性は大きな謎だった。私は父母がこの家を借りた経緯などは聞いていないし、ましてやその女性について誰からも話を聞いたことはなかったが、母は意図的にその女性の話に触れないでいたような感じがした。だいたいあまり顔を合わすことがなく、外出もほとんどしない人だったように思う。玄関からすぐ二階への階段が続くのだから、外出の時には顔を一度だけ見たことがあるように思うが、その時大変質素な感じの、身だしなみの良さそうな人だったことに驚いたことを覚えている。すでに随分歳をとっているのか、若いのかよくわからないほどに、印象のきつくない物静かな人で、その着物姿や、着こなしや、趣味などからも、一見してわかるものはなかったように思う。あまり私たちに挨拶もしなかった。彼女を訪ねてくる人もなかった。私たちとは全くの没交渉で、私は二階に上がってみたいと思ったことがあったが、呼んでくれることなどはなかった。二階が空けば少しは広くなるのにとも思ったことがあったが、私たちの方が早く家を出ることになった。

東片町時代を思い出す度に私は彼女のことを考えた。母に聞いても何も答えてくれなかったし、事実誰も彼女のことは知らないままだったようだし、また皆忘れてしまっていた。それは何も隠れた真実など持たない、偶然にその家の二階を借りていた単なる借り人だっただけだろうし、その人について知らなければならないような、特別のこともなかったのだろう。しかし私にとっては東片町時代の謎であり続けた。

東片町は焼け残った場所で、どの家も、家並みも、路地も全てが、戦前の樋口一葉の気配がする、少々しがない庶民生活の痕跡と雰囲気を色濃く残している界隈だった。一九六七年にアメリカから帰って私は東片町の家を見に行ったが、全く変わらないままだった。こぎれいになっていて、東京都のど真ん中の住宅地になっていたのだから、貧しい近所でないことは明らかだが、マンションができているわけでも、新しい建材やスタイルの家が建っているわけでもなかった。路地は相変わらず狭く、王子製紙の家もそのままの門構えであった。庭の下の方のお習字の先生は、母の話ではだいぶ前に亡くなったということだった。路地に足を踏み入れた途端、私は真っ先に、あの女性はどうしたのだろうか、今でもどこかにいるのだろうか、と考えた。あんなにひっそりと一人暮らしを敗戦の時代にしていた女性には、事情があるはずなのに、何も語られないのは、謎があるからであろう、と。

東片町に行ったことを話した時に、居合わせた父の知人から、その女性が外国人だったことを知らされた。中国から留学生として来たばかりの時に戦争が始まって、そのまま日本に居続けたそうである。私が、田端、勝山、そして館山時代を生きている時に、その人は異国の戦争中の日本に暮らしていたのだ。そして、戦後になって東片町の家に偶然に同じ屋根の下、一時住んだのである。私は日中戦争勃発の年に生まれたことを、中国の友人や留学生たちに会う度に考えたが、あの和服姿の女性が中国人だったことに驚愕した。

そのことを教えてくれた父の知人は、同郷の、小倉さんというおじさんで東片町時代に家の手伝いをしてくれていた女性を紹介してくれた人だった。兄と弟そっくりの兄弟で、いつも父のそばに来ていたのだが、父が大学を卒業して失業していた時代に一緒に下宿をしていたそうである。大人の話を聞くのが好きだった私は、その気取らない、房州弁のおじさんが来ると、いつもそばに行っては話を聞いていた。そのお手伝いの女性は同じように同郷の人で、大変涼しげな顔立ちの美しい人だった。家には泊まる部屋がなかったので、どこかに間借りをして、家に来てくれていたが、西片の家に移ってからも、家には一緒に住まず、そのまま通って来てくれていた。その女性を年下の建設材会社の社長が見初めて、やがて結婚することになった。その若者は硬い筋肉が腕まくりした袖から見え、今風の感じの、大変素敵な人だと私は思った。小倉さんは、とにかく父のことは自分のことのように思っていて、どんな小さなことでも母の頼みも、何でもしてくれたそうである。二階の女性が中国人であったことを母が知っていたのかどうかわからないが、そのことが話題にならなかったことは、やはり何か謎めいている気がする。戦争中の彼女の経験はおそらく想像を絶する不安と危険に満ちていたのではないだろうか。

東片町の生活で新しかったのはなんといっても、初めての東京での学校生活である雙葉学園での経験だった。雙葉での勉学生活は、千葉の学校での経験とは何もかも違っていたが、私が違和感を感じ始めるきっかけになったことがあった。その頃父は大蔵省政務次官をしていたが、大蔵省は四谷の堀を越えた場所に仮の省舎を構えていた。雙葉は堀の内側ですぐ近くだった。ある日先生から呼び出されて、父が雙葉のお御堂（礼拝堂）に花を届けてきたという。そして以後はそのようなことを決してしないように伝えなさいときつく言い渡された。私が、お御堂にはお花が飾られるのだからいいのではないかと聞き返したところ、「蛙の子は蛙ですね」と言われた。私はその意味がわからなかったが、家に帰ってその話をすると、花はどなたからかいただいた花籠だということ、そして「蛙の子は蛙だ」というのは「褒めたんだよ」と父から言われた。しかし母の怒り様は少々大げさで、「だから雙葉は嫌いだ」と言い、初めて母が雙葉に違和感を持っていることに気づかされたのだった。家と学校が同じ場所ではないことはもう少し大きくなれば自然とわかることなのだが、私は自分の感じている環境の違いが何か深刻なことのように思ったのだった。

勝山へ疎開しても私はよそ者としての自覚を全く持たなかったが、東京へ帰ってきてからは、私はどうも雙葉の上品で文化の香り高い環境からはみ出したよそ者だと感じることが少なからずあった。友人はすぐにできたが、雙葉の生徒たちは親が雙葉出であることが多かった。私ともう二人が五年生への編入試験に受かって入った新参者だった。その中の一人は阪口美奈子さんと言って、のちに演劇「アンネの日記」のアンネ役でオーディションに受かって、女優になった人だった。彼女もまた、映画や舞台に立つことを禁止していた雙葉では、どこかよそ者であり続けた友人だった。

私の「よそ者」意識は、まず父が政治家であるということを初めて意識させられたことからであったと思う。同時に、私の家族はキリスト教徒ではない「俗物家族」だという意識でもある。田舎育ちの私は雙葉では言葉遣いがまず違ったが、雙葉流の言葉遣いは、反対に家ではかなり笑われたりした。特に公立の男女共学の学校へ行っていた姉にはよくからかわれた。私は真っ黒に日焼けして、房州弁で喋り、学校でも友人関係でも物怖じしない、活発で明るい子供から、無口で陰気な子供になった、というのが父の意見で、父はそれが気に入らなかったようだった。

雙葉では「校長様」をはじめ先生方は黒衣に身を包んだ修道尼が多く、フランスやアイルランドから来た尼さんたちが多かったし、毎週のイグナチオ教会でのミサや、小学生にも必須科目だった英語とフランス語の勉強と、学校での勉学環境は館山でのそれとは全く別世界だっただけではなく、家庭の環境とも随分違っていたのだった。雙葉に馴染んでいくに従って、私は家でもよそ者意識を持つようになったのである。それは特に母に対して大きかった。

母は私が編入試験に受かった時に、校長先生から呼び出されて、お子さんは雙葉の校風に合わないから、家庭でも教育に協力してほしいと言われたそうである。面接で試験はどうでしたかと聞かれて、「良い問題だと思いました」と答えたところ、校長先生が、なぜ良い問題でしたかと聞き返した。ララ物資についての質問は戦後の復興政策の一つで、給食として自分たちの身近な問題でもあるし、法隆寺の火災については、戦争で負けた日本の文化遺産について考えるいい問題だと思いました、と答えたところ、随分お利口ですね、と校長様が言われた。呼び出しの時に母は、その面接でのやり取りのことを言われて、お子さんは「才走っている」と随分こだわっていたようだと父に話していた。「試験はどうでしたか」という質問に、難しかったと答えていれば無事だったのかもしれない。父が笑っていたので、私はなんとも思わなかったが、母はそれからも随分長い間この話を幾度も持ち出しては怒っていた。

言葉遣いも悪く、人見知りをしない、生意気な政治家の娘、という「俗物」のイメージを、会ったばかりの子供に抱いたのだから、母は自分の家庭や教育の仕方が批判されたように思ったのだろう。

東片町の家での暮らしは、スキンシップの濃密な暮らしで、個室はおろか、一人になる場所も時間もない暮らしだった。それだけに、父と母がいつもそば近くにいることを感じ、大人と子供が隔てられることのない、食事も会話も、客も家族もいつもひとまとめに顔を付き合わせるような暮らしだった。私の幼児期からの「地獄耳」はますます冴え、父から「のり兵衛」は「ベイビー博士」だとからかわれた。

父は散歩をするのが好きで、言問通りから東大の裏門の前を通って上野広小路へ出る道を歩く散歩に私をよく連れていった。のちには落語を聞きに連れていかれた。何か話をしてくれるわけではなく、ただ一緒にくっついていただけだったが、それは西片町に引っ越してからは次第に少なくなった経験だった。父はお説教をすることが決してない人だったし、自慢話も一切しないから、父の口から自分がしたことを聞くことはほとんどなかった。周りの人たちを叱ったり、非難することは全くなく、何かを批評することもしなかった。その父が、参った、参った、と言っていた出来事があった。

それは父の若い秘書が持ち逃げをした時である。それは子供心にも驚きで、その人の顔も名前も忘れることなく記憶に刻印されている。彼は政治家としての父の最初の個人秘書だったのではないだろうか。東片町の家には毎朝、風呂敷包みを抱えて出勤してきていた。彼が何をしたかは詳しくは知らないが、お金に関係することであったことは事実で、おそらくは母が託したか何かのお金を持ってどこかへ行ってしまったのだろうと思う。そのお金は支払いか何かに必要なお金だったらしく、母がその後始末に大変だった様子は今でもはっきりと記憶している。

当時の国会議員の給与はどのくらいだったのだろうか。新憲法では歳費と呼ばれる国会議員の給与は「相当額」とされている。国家公務員の最高額より低くするという定めもあるようだが、敗戦直後のことだから、そのあとにできる様々な法令が整備されてはいなかったと思う。国会議員の給与は無償で、財産のある者が議員になった旧憲法時代の印象がまだ人々の心を捉えていた時代である。父には財産がなかったから、家計が火の車だったことは目に見えていて、それはずっと後まで続いたのである。

あの頃は空き巣や泥棒に入られることは日本中どこでも横行していた。万引き、置き引き、すりなども頻発していて、お金に困っての盗みが日常に起こっていたのである。東片町の家では、泥棒に入られたことはないと思っていたが、実は一度だけ母のブローチが盗まれたことがあった。母はそれをてっきりどこかに落としたと思っていた。子供たちも動員されて、電車の停留場から家までの道を下を向いて探して歩いた。それは銀細工だったらしく、確かに母はそれをよそ行きにしていたし、その他には何も持っていなかったのである。ところが随分あとになって、警察の人が泥棒を捕まえたら、東片町近所に泥棒に入って荒らしていたことがわかり、盗品の中に母のブローチが入っていたというのである。

西片町では何度か盗難に見舞われたが、すぐに入れそうな東片町の家には、泥棒は訪れなかったと思っていたのだった。何もなさそうな家だし、人がいっぱいで誰かが目を覚ましそうだったのだろうと。しかし、ただ一つ母のブローチが盗られたことも、他にめぼしいものがなかったからだと家での笑い話となった。

東片町時代は父が国会議員だということが特別に現われない生活だった。父はいつも浴衣姿で、今からは想像もできないおじさん風で、いつも自分にも、そして人にも構わず、飄々としていた。父の国会での様子や省庁や党での仕事ぶりなどは全く知らなかったし、私たちにはいつも変わらない同じ父だった。占領軍本部から疲れて帰ってきた父と、いつもありのままにニコニコしている父とのギャップも、やがて思い出の一コマだけになっていった。

一九五〇年、短い東片町での生活も、西片町への引っ越しで終わりを告げることになった。それは私が中学生になる時で、私の幼児・子供時代も終わりを告げることになった。

敗戦後と言われる時代も終わりがすぐそこまで来ていた。

第七章　西片町の家（一）――「父なるもの」の凋落と回復

一九五〇年、私たちは西片町十番地のろノ十七号という番地の家に引っ越しをした。私が中学一年生の時であり、父が政調会長になった頃だろうか。それ以来、西片町の家は私が一九六一年にアメリカへ留学するまでの、若い大人へと成長していく場となったのであり、家族がいる場、そして水田三喜男の政治家としての活躍を支える私的空間ともなった。

西片町への引っ越しは、私の雙葉中学時代の幕開けであり、個人としての自意識を育む長い精神的な成長の時間の始まりでもあった。雙葉という学校世界にも、家族にも完全には属さないという違和感を、自意識のうちに持つようになったのもこの時代が始まりである。同時にそれは私の子供時代の終わりであった。

館山から東京へ移り、西片町に住むようになった私の中学、高等学校時代を通して、雙葉での学園生活が私に文学や哲学への興味を持たせ、思考の仕方を導いたのであり、キリスト教の道徳観も私の価値観形成に影響を与えた。私の基本的な世界観も自己存在意識もこの時代に形成されたと思う。

中学に進むと、雙葉での勉強は大きく変わった。最初にそれを感じたのは日本文学の三浦文先生に接した時だった。先生は島崎藤村とお見合いをしたことがあるということで、生徒たちの間では、フラれたのだという評判だった。もうそんなに若くなく、何でも忌憚のない批評を一人一人の作文に対してするので、あまり優しい印象を生徒たちに持たれていなかった。先生は私が西片町へ移ったと言うと、夏目漱石が『門』を書いたところだね、と言った。それが自分の住んでいる場所への興味を持った最初だったと思うが、漱石の『門』と即座に私の新しい居場所を記号付けた先生に、私は新しい自分を見つけてくれたような新鮮な驚きを感じたのだった。それまで、雙葉では私は政治家の娘で、それはあまり尊敬されない俗物というアイデンティティを刻印されていた。漱石は団子坂の家で『吾輩は猫である』を書いたし、新宿の漱石山房は有名だが、西片町では長く住まず、西片を離れてすぐに書いた『門』の構想を練っただけだった。私は早速漱石の住んだ家を探したが、それは西片町十番地のろノ七号という番地で、漱石の住んだ家は残っていなかったが、その場所は私の家と全くと言っていいほど同じ崖の上だった。

『門』の主人公宗助は大学時代に友人の許嫁を好きになって、大学を途中でやめ親や親戚からも離れて色々な場所に移った末に、公務員としての仕事を得て、東京の山手の住宅地（西片町）の崖の下に家を借りてひっそりと暮らしている。二人は仲良く、その日常は平和で、帝国大学生として約束されていた出世や社会的地位を諦めて、愛する者との暮らしだけに自足しているように見えるが、友人を裏切ったことで、親や親戚や友人からも離れて、日陰者のような、世捨て人のような、罪の意識や不安を抱えてもいる。友人との関係よりも恋の成就を選んだ彼は、エリート男性社会の掟を破ったことで、ホモソーシャルなエリート社会からはみ出しているのである。彼には継ぐ家はなくなったが、家父長制家族の文化は長兄に与えられた家長としての責任を期待する宗助の弟によって、宗助は家父長制家族を捨てた個人としてはなかなか生きられない。

友人は許嫁を取られた裏切り行為で深く傷つき、同じように大学を中退して朝鮮に行っていたが、彼が帰ってくることを知って、宗助は動揺する。崖の上には大家が住んでいて、崖の下の借り家に住む宗助は、崖の上の裕福な大家にも頼りながら、なんとか暮らしが立っていくように、心を砕いてもいる。妻の御米は子ができないことを気に病んで心が晴れないが、それ以上に、平和な日常の中で夫の心も晴れないでいることに心が晴れないのである。家父長としての父、社会で責任ある地位につき社会をリードする父であることを捨てて、家族の中の父になることもできない彼は、二人だけの夫と妻、男と女の関係の中で、男性としての自分がどのように存在するのかわからないでいる。

友人の出現に心を乱されて鎌倉の禅門を訪ねるが、そこに心の安寧も、解決も見出すことができない。宗助にとっても御米の心はつかみきれないで、自分の子の母として、家族に吸収できない彼女の他者性に不安を感じてもいる。

『こころ』の主人公「先生」にも通じる社会的、精神的な父であること、そして父なるものを自己存在意識の根底に持つ、家父長制社会・文化の規範を内面化してきた男性にとっては、象徴的な「父なるもの」を体現する社会的父であることを捨てることは、結局不可能なのであり、同時に、「大きな父」であることを捨てる男性は妻としての女性にとっても理解を超えた謎なのである。『門』は、戦前の日本で「大きな父」を捨てて「小さな父」として私的領域にのみ存在の居場所を求めることもできない、男と女の関係と自己規定がいかに困難であったかを示しているのだ。

『門』の世界を構成する崖の上の大家の家と、崖の下の「陽の当たらない場所」にある主人公の宗助と御米の住む借り家が舞台になっていることはよく知られている。崖の下の地域は福山丸山町といって、樋口一葉が住んだ場所でもある。崖の上の住宅と崖の下の小さなしもた屋の対比が、そのまま西片町の崖のある高台一帯の住宅地の特色を表している。

西片町は近代作家たちが住んだ場所でもあった。太宰治の『斜陽』の舞台でもあることは有名だが、上田敏をはじめとして、二葉亭四迷、瀧廉太郎、和辻哲郎、木下杢太郎、半井桃水、牧野富太郎、森田草平、今東光、佐佐木信綱、と代表的な人たちの名をあげても、西片町の住人に文学者が多いことは一目瞭然としている。隣町の森川町もまた多くの作家が住んだところで、有名な本郷館という下宿屋や徳田秋声の家は、その頃は昔のままに残っていた。また、団子坂、田端方面は森鷗外、芥川龍之介などが居を構えた文士村と言われているところで、大森の馬込よりも古い文士村だった。明治以後は、東京大学を中心として、学者、医者、教授、作家、芸術家が住む街になっていた。東大前の本郷通りには、多くの本屋、古本屋、骨董屋、そして有名なカフェ「白十字」が、大正時代の西洋趣味を残して店を開いていた。

西片町の家は東片町とは全く違う住環境をもたらした。西片の家は父にとっては家族といる私的な場所だったが、私的と言っても、まだ衆議院議員会館などが整っていない時代であり、選挙区からの来客、新聞記者の取材、その他の代議士としての仕事は早朝と夕方から、そして日中は個人秘書と母を中心に絶え間なく行われたので、公私の区別はほとんどない生活だった。議員会館が整ってきても、仕事は全てそこに集中して済ませるというわけでもなく、自宅は秘書官との打ち合わせ、新聞記者や選挙区の支持者、知人の訪れる場所となって、公私の区別は一向にできなかったので、小さいとはいえ、来客を受ける応接間や客間を持つ自宅ができたことで、かえって政治家としての私生活がなくなったとさえ言えたのである。

文京区西片町十番地ろノ十七号という、いろはがつく番地ももう今ではなくなって、西片二丁目という番地に統一されている。少なくとも私がアメリカへ行く一九六一年まではそのままの番地だった。いつからこの番地ができたのか、それもいつかは知りたいと思っている。

この家は敷地が百坪ほどの家だった。百坪といっても、そのかなりの部分が崖になっていて、なだらかだが使うことのできない崖地が、下の道まで続いていた。いわば、西片町の高台と、その下に広がる民家と町工場や商店の坂下の地域との境目に立つ、崖の上の家というのがぴったりだった。西片町の地形は、本郷通り、言問通り、そして白山通りの間に広がる台地で、崖の上に立つ我が家の崖の上からは遠く新宿まで見渡せた。本郷通りの東大農学部前、弥生町交差点脇を隅田川方面へと続く言問通りを越えてすぐに中山道が始まる旧白山通りへ入っていった左側に広がる一帯の高台の住宅地で、旧福山藩の上屋敷があり、藩主の阿部家の屋敷と藩士の子弟の教育所誠之館があった、閑静なお屋敷街の風情を残す地域だった。

私たちが引っ越しをした当時は、西片町にも政治家が住むようになったと嘆かれたとも言われている。ここでも政治家は俗物の代表扱いだった。とはいえ、西片町には新しい家の近くに、自由民権運動で名高い高知出身の林譲治さんが住んでいらした。

林譲治さんは一九三〇年、つまり昭和の初期から代議士として活躍し、立憲政友会の鳩山一郎とともに大政翼賛会に反対した軍政治反対の政治家として名高い。戦後は吉田内閣の副総理や内閣書記官長として大野伴睦、益谷秀次とともに吉田政治を支え、厚生大臣、副総理、衆議員議長を務めた吉田内閣の重鎮であり、戦後の自民党政治の中心的政治家である。東片町時代には父は林先生のお宅までお迎えに行って二人で都電三十五番に乗って国会へ行ったそうである。先生は京都大学法学部の出身で、俳句もよくなされ、富安風生先生に師事しておられたこともあり、父にとっては大先輩にあたる方だった。私は父に連れられてそのお宅に伺ったことがある。広い庭に池があり、木々が多く鬱蒼としていたが、その佇まいは、戦前、戦中、戦後を民主主義者の政治家として闘い抜かれた方のお屋敷にふさわしい伝統的な日本家屋の雰囲気に包まれていた。

一九六〇年に林先生は亡くなられるが、その後父は林先生のお宅を購入し、以後、父母は林先生の旧居の地に住み続けた。それは私がアメリカへ留学に出た後のことだった。私が留学から一時帰国した時には、十一年住んだ西片町ろの十七の家に、もう父母と姉は住んでいなかった。西片の家もまた、思い出の中だけの、いわば幻の場所となった。

東片町から移った西片の新しい家は、隣に本家の大きな邸宅があり、本家の息子のために建てられたという数奇屋造りのこぢんまりとした、しかし、趣味の良い造りの家だった。門脇には大きな桜の木があり、庭にはつくばいのある小さい庭園が造られていた。門から玄関へ石畳の道があり、玄関はこれも石が敷き詰められたかなり大きな空間で、そこから、洋間の応接間と、広い廊下のある日本間の客間、そして玄関脇の三畳間を経て、二階への階段、そして、茶の間、奥へと続く廊下になっている。その三畳間に母が買ってくれたロシア製のピアノを置くことになって、私はそこで、大学生時代も含めてアメリカへ留学するまで、ピアノを練習することになった。あまり腕が上がらなかったのは、その玄関先の人通りの多い小さい空間が、どう見てもピアノの練習には向いていなかったからだと思う。

私たち家族の部屋は二階で、階段を上がると廊下があり、左手がベランダに開ける十二畳の父母の寝室、廊下を隔てて、私の勉強部屋、唐紙のふすまで仕切られた隣の姉の部屋があった。それらの部屋は唐紙で仕切られているだけで、隔てる壁はなかったので、ふすまを開ければ、皆つながっている開かれた空間となった。姉の日本間からは台所や納戸に続く裏階段があった。おそらくその部屋は前の家族の主婦の部屋で、十二畳のベランダのある広い部屋は、主人の書斎兼親しい友人などを迎える客間だったのだと思う。そこにはかなり立派な床の間がついていた。台所の外はすぐなだらかな草の茂った崖になっていて、台所の外側を回り、木戸を開けて門へ続く狭い通路がある。母はこの崖が崩れるのではないかと大雨の後などにはいつも心配していた。

私の部屋は日本間であったが、そこにベッドを入れ、部屋についている床から高くなった出窓のような広い廊下に勉強机を置いた。そこからは近隣だけではなく、新宿など東京の街を遠くまで広く見渡せる上に、また崖の上から乗り出して、空中にいるような感覚もあって、勉強しながら、空想にふけるにはもってこいの場所となった。

この細長い、廊下とも出窓とも、そのどちらとも言えない板敷きの空間から下を見下ろすと、ぼやっとした草の匂いが舞い上がってくる。それは草いきれを薄めたような、空気にさらされて熱っこい、息苦しさが拡散したような、しかし確かに草が発するものでしかない匂いだった。四枚のガラス戸を開けると、空中に浮いたような頼りない空間が開け、ふうっと草と空気の混じった匂いのする外界の世界が開ける。私はその匂いを感じるのが好きになった。その匂いは鼻で嗅ぐというよりは、体全体を絡みこんでくるような感じだった。

それは崖の上の感覚だった。初めのうち私はその廊下に布団を敷いて寝たことがあった。曇りガラス戸の外は板戸がなかったので、遠い街の光も夜遅くまで感じられたし、朝は日の出とともに光が差し込んできて早くから目が覚めた。母はそこに寝ると体が冷えると心配して、間もなくベッドが部屋に置かれるようになった。ベッドに寝るのは新しい経験で、とても嬉しかった。

この家では、一階の洋間と日本間の客間が大きな比重を持っていた。父は訪問客がある時には、決まってと言っていいほど、誰彼構わず囲碁の相手にして過ごした。庭に開けた、幅広い廊下には椅子を置いて、客は新聞記者の人たちも含めて、父の囲碁対戦を飽きることなく観戦した。早打ちで悪名高い父の囲碁は、そのペースに乗せられた相手を苦しめたようだが、父の本当の腕前を当時の私は知る由もない。ただ、来客は改まった出来事ではなく、日常のことで、気楽な父の家での過ごし方の一端ともなっていたので、私たち家族もあまり気取ったおもてなしをすることもなく、食事なども家族と一緒に湯豆腐と蕎麦などの、ごく質素なものを出していた。当時は日経の記者だった田中六助さんには、ここの家はソーメンと湯豆腐、生姜ばかりだと言われたと母が怒っていたことを覚えている。この家には父の改まった書斎はなく、父が一人で過ごす空間はなかったのである。

母はこの家を切り盛りしていくが、渡辺町時代とは異なって、家庭の主婦というよりは、選挙を一緒に闘ってきた同志のような感じで、来客の相手も父と一緒に、あるいは父に代わっていつもしていた。母が一切関係しなかったのは国会や大蔵省などの役所での仕事だった。そこは秘書官たちのいる公的な場で、母が出入りすることは一切なかった。

この家でも、他の家と同じように、母の部屋はなかった。ミシン台や、家計簿や手紙を書く机などを置く場所もなく、二階の寝室には母の小さな茶色の鏡台があったが、そこは昼間母があまりいることのない場所でもあった。その寝室と、子供たちや親戚などと食事をしたり、話をしたりしてくつろぐ茶の間と、そして、西片町の家では客間も彼女の居場所で、その意味で家は母にとって私的空間というよりは、公の場であり、家庭という共同体の空間が母の居場所であった。個人ではなく家族という共同体の建物が母の世界だったのである。表と奥の区別、父と母、子供の居場所の境界線が極めて曖昧だった。

父と母は、出身地の自然、文化環境も、そして育ちも教育も全く違った、いわば正反対の者同士だった。祖父が出会ってからずっと変わりなく父を大切に思い、尊敬もし続けたのは、父が祖父にとってのそれまで知らなかった他者であったからだと思う。お互いに好き同士だったという若者がいた娘、いくつかの結婚話も上司からあった一人娘を、就職も決まらない、学生時代の反戦運動で、見張られてもいる無名の若者に娶らせたいと願うなど、官吏の典型のような真面目で、控え目で慎重な生き方をしてきた祖父には本来的にはありえないことだったと思う。そのことはずっと母方の兄姉弟の語り草だったことからも明白である。祖父が父に見たのは、祖父が失った、あるいは、抑圧してきた、男性の本来的な、精神的な野性と言ってもよいものだったのではないだろうか。

母もまた、好きだったらしい人ではなく、親の言う通りに父との婚約に承知したのは、同じように、自分の父や兄弟など周りの男性にはない「野生的」なおおらかさと包容力、身を危険にさらしても悠々としている精神を感じたからだろうと思う。一旦婚約をすると、母は父を深く信頼し、尊敬するようになったのだと思う。しかし、結婚後は、二人の文化的な背景の違いが次第に明らかな形をとるようになったという。まずは父の親族が家族の一員として常に家に住むようになり、都市中産階級の若い夫婦の生活などは全くなかったことや、時代のせいもあって、二人で外出をしたり、一緒に何かを楽しむという時間を考えもしなかったことである。結婚当時から、父は母に完全に近い自由を与え、家庭のことは全て母次第だった。それが母を尊重することで、女性である他者との共存の仕方だったのだ。そしてそのような関係の中で、母が主婦としての退屈もなく、主婦という「名のない病気」にもならなかったのは、疎開という非常時の経験が母を人生の主役にしたからだろう。疎開中の母は父親と家族の男の役割を一人でこなさなければならなかったのだが、それは女性の家庭内のあり方とは違った自立した生き方で、母の性に合っていたのだった。

初めのうちは西片町の家は母と父が平等に空間を所有し、使用する場所だった。それはこれまでの私たちの家庭のあり方の延長で、家はいわば母と大きさが同じの、私たちだけの父、つまり身体的に接触可能な「小さな父」のいる場所だった。父と母の力関係が平等な「家庭」という場だった。もちろん父は料理も家事もしなかったが、母もまた、料理や掃除はしなかった。二人は家庭を共同で経営しているという感じだった。

父には家庭の外の世界があった。そこでの父は身体的な父ではなく、精神的な父の役割を果たさなければならないのだ。母は、自分自身のキャリアを持ち、経済的にも精神的にも自立した自分の世界を持つ個人を志向する近代の女性とも異なって、家という共同体で小さな父との平等と、父の前での自由を得ていることに充足していただけではない。母は家事と家庭内の運営だけに自分の役割を限定しなかったのであり、父の社会的な仕事は、間接的にしか役割を持たないが、それも自分のキャリアだと思っていたのである。

その点で、母は自分や親の世代が育った家父長制家族の中の女でもなく、核家族のジェンダー役割分担を担う妻＝主婦とも異なっていた。そこで発揮する母の力は、あえて言うなら、母系社会のメイトリアーク（女家長）のような感じだった。

一九五〇年の半ばから、父は新しく自由民主党になった党の初代政調会長に就任し、第四次吉田内閣の経済審議庁長官、第一次石橋内閣の通産大臣、そして、一九六〇年には第一次池田内閣の大蔵大臣になった。小さな父と大きな母と一緒に暮らす家族の蜜月は、私が高等学校へ進学する一九五三年頃から終わり始め、徐々に新たな家族関係の時代に変容していった。西片の家も、客間の洋室を増築して、日本式の茶室の前にしつらえた風雅な庭がなくなり、ちぐはぐな雰囲気になった。

それは確かに一つの転換期を暗示していた。私の成長の転換期でもあり、家族の、そして父の政治生活の転換期でもあった。何よりもそれは日本の戦後の歴史の転換期でもあり、敗戦と占領で凋落した日本的な父なるものの復興期でもあったのである。

戦後はどこで終わるのか曖昧なまま、しかし確実に目に見える現実世界が変わっていった。東京という都市の風貌が変わり、身体だけが大きくなっていく思春期の曖昧な精神のように、現実と実態、実在と意識が矛盾し、離反しながら、社会の表層を変えていった時代、「もはや戦後ではない」時期へと進んでいった。新しい復興の時代が始まり、私自身も大人になっていく内面を抱える時代を迎えることになっていったのである。

ガラス戸を開け放つと目の届く限り都会の彼方まで見える私の部屋は、相変わらず空中に浮いている感じがしたままだった。内にこもる暗い密室でもなく、地面に足をつけて思い切り走り出すスタート地点でもなかった。ガラス戸を開けると立ち上ってくる草の淡白な匂いは、かえって家の下に広がる草いきれのムッとする崖の草むらへ心を惹きつけた。崖の草むらへは誰も入っていかなかったから、そこは、いつ崩れるかもしれない危なげな斜面だったのだろうし、湿っぽく、胸糞の悪い虫や動物の糞のある、何も妨げるもののいない自由区域でもあった。足を汚さなければ入れない敷地の一部で、私たちの家はやっとのことで、崖の上に立っていたと言える。それは言い換えれば、家の敷地の深層部分が斜面となって半分露出していることでもあったのかもしれない。

中学時代とは、なんともつかみどころのない、曖昧な人生の時だろう。中学時代として人生の一時期を区分することはそもそも無理なのである。中学時代は明らかに小学校時代とは異なり、そして高等学校時代とも大きく異なる、どこか間に挟まった、宙ぶらりんな時期なのだ。中学時代は子供でもない青年でもない、ただ少年、少女というのがふさわしい時代なのだ。

宙ぶらりんな自己意識と時間感覚はまた違う意味で雙葉の中学生になった時から始まった。それは文学の世界を発見したことでもあり、家と学校の違いの間に、そのどちらにも違和感を覚える自分に気がついたことでもあった。

私は小説を読み始め、作文に飽き足らず小説のようなものを書いた。部屋に閉じこもっている時間が増えた。しかし新しい友達ができたことが、内向きな心を外に向けて広げてくれたのでもあった。中学になるとクラスが一つ増えたが、それは中学から入学する生徒が全体の半数を占めるようになったからだ。雙葉の空気が変わり、純粋培養的な環境から、少し異質な子供たちが交わる多様な感じのする環境となっていった。

私は小学校からの友達と続けて仲が良かったが、新しく日本橋でお菓子の問屋を営む家の子供と仲良しになった。彼女鈴木喜代子さんは七人の妹と一人の弟のいる家族の長女で、両親は大阪の出身だった。中学一年生のクラスで私たちは隣同士の席だった。彼女は明らかに雙葉文化とは異質な育ちで、まず大阪弁のアクセント、そして服装規制の厳しい服装にも、キリスト教の教義にも、賛美歌を歌うのにも慣れておらず、何をするにも私の助けが必要だった。彼女は夏休みには西片の家に長期滞在するほど、私から色々教わろうとしていた。たった一年前、雙葉の教育方針には合わないと言われた私から、である。両親は商売が繁盛して裕福だったが、親の苦労を長女として間近に見てきた娘らしく、無駄遣いのない、きちんとした生活態度に、父は大いに感心した。暗いところのない、さっぱりとした性格も気に入って、私が彼女と友達になったことを喜んでいた。

彼女の家庭は日本的で庶民的、西欧風の全くない感じで、お手伝いさんや丁稚さん、子供たちが一緒の空間を共有している。家族は皆明るく、言いたいことを自由に言うが、どこか伝統的なしきたりを重んじ、付き合いの作法に厳しかった。私の家には高価な調度品などなかったし、食事に贅沢なものが出てくることはほとんどなかったが、彼女の家には実に様々なものが棚などに飾ってあり、神社の飾り物も大きくて見事だったし、食事はいつも珍しいものが出て、品数が多く豪華だった。色鮮やかな、美味しいものを家族で日常的に楽しむ彼女の家庭に比べると、私の家はなんとなく貧しく感じられた。父はめざしが大好物で、母は房州から取り寄せると自慢げに食卓に出したが、私にはあまり嬉しくはなかった。地方の地主と都市中産階級の官吏の家庭で共通するのは、質素な食事だったのかもしれない。政治家と商家の違い、東京と大阪の違い、頭でっかちの自分と、地に足のついた日常を大切にする商家の長女との違いを体得することは、私にとって刺激的だった。

もう一人の新しい友人平沼昭子さんは、やはり席が近く、小学校から一緒だった子だが、互いにノートに書きたいことを書いて往復日誌を作ろうと提案してきた。彼女は自分は作家志望だと言い、私は何志望かと聞かれて、当惑して、わからないと答えた。それからは何になりたいかを考えて、その都度違うことを彼女に伝えていた。その往復日誌は中学時代の三年間、そして高等学校の一年まで続いて、私はこの知的に早熟な友人を通して自己表現の「駆け引き」を教わった。私は書いていることをそのまま言葉通りにとってはいけないことや、隠された意味があることなどを知らされ、深読みの面白さを学んだ。それほど彼女の書いたことは自由奔放に見えて、批判精神も豊富で、言いたいことを言っているかと思うと、実は逆説に満ちていて、私はかわされたり、騙されたりと、たじたじすることが多かったのである。高等学校へ入ると私たちのクラスが別になり、卒業後彼女は慶應義塾大学の図書館学部へ進学して、交流が途絶えていった。小説を書いていると言っていたが、結婚して東京を離れ、公認会計士になったと聞いて意外に思ったことを覚えている。私は地方の文芸誌に載った彼女の小説を何編か読んだが、どのような作品だったかが記憶に残っていないのは、強い印象を受けなかったからではないだろうか。

アメリカ留学から一時帰国した時に、父母はもう林家跡の新しい西片の家に移っていて、私の部屋には元の部屋にあったもの全てが整然と移されていた。その往復ノートも机の引き出しにあったということは、往復は私のところで止まったままだったということとだろうか。ずっと後になって、彼女が亡くなったと知らせが来て、夫の方から、ノートがあるなら見せていただきたいと手紙をいただいた。彼女はそのノートのことを話していたのだと思い、胸がいっぱいになったのだった。

平沼さんと私は学年きっての文学少女だったが、ことあるごとに「才走っている」と組担当の先生から叱られた。その先生がアメリカへ一年国費留学することになった時、私は先生にアメリカで何を学びたいのかと聞いた。当たり前でしょう、自分は英語教師だから英語を学びたいのですと先生は答えて、才走っていると叱られたこともあった。なるほどそうだとその時は思ったのだった。私は自分が何を学びたいのか探していたのだった。

中学時代の忘れがたい出来事に進駐軍のアメリカ人夫妻と知り合いになったことがある。隣の大きくて立派な本家が進駐軍に接収されていて、そこに若い中将夫妻が住むようになった。彼らは移ってくるとすぐに私たちを食事によんでくれた。その家には日本人のメイドさんがいて、映画の女優さんだった。パーマをかけた髪を赤く染めて、化粧も派手だったが、明るくて、親切で、私は大好きになった。彼女が映画に出るというので、皆で見に行ったが、弔問客として線香をあげている後ろ姿だけが写っていて、後で彼女共々大笑いをしたものである。『カルメン故郷に帰る』の高峰秀子か、あるいは笠置シヅ子のような人で、実際彼女が大きな声で東京ブギウギを歌うのがよく隣から聞こえてきた。

隣の家との間には高い垣根があったが、彼女はそこを越えて我が家によく来ていた。エイプリールフールの時の騙し技術とアイディアが豊富で、父の秘書は道に落ちていた財布を拾おうとして、財布がなぜか動くので隣の門まで連れていかれたと怒っていた。やぎさんという人から電話をくれるようにとの伝言を受けた秘書が、その番号に電話をしてやぎさんにつないでほしいと頼むと、「やぎさんは檻の中です」と言われて、度肝を抜かれたこともある。電話番号は上野動物園の番号だったのである。彼女の騙し技は大したものだった。

私たちはそのアメリカの中将の奥さんから英会話を教わることになった。雙葉では小学校の時から英語を習っていたので、英語での会話は大変楽しかった。母と姉はすぐに脱落して、結局私だけが続けた。彼女は自分の姪が同じ年頃なのでペンフレンドになるようにとカレンという少女を紹介してくれて、手紙のやり取りが始まった。のちに一九六一年にイェール大学で、カレンは私に会いに来てくれて私たちは初めて手紙の相手がどんな人なのかを確かめ合うことができたのだった。彼女はもう働いていた。アメリカは豊かで、日本はまだ戦後の発展途上国と思われていた時だった。

中将夫人は若く、好奇心に満ちている人だった。私にはどうして着物を着ていないのかと何度も聞いてきたが、私はその頃はセルの着物だけしか持っておらず、それは病気になって学校を休む時にだけ着ていたので、何と答えたらいいのか当惑したものだった。彼らはこの家に住む進駐軍の三代目だったが、最初の大佐一家が床の間を壊したり、壁を青く塗ったりしたことを恥ずかしがっていて、できるだけ元に戻したいと言っていた。やがて彼らはアメリカに帰ることになり、その後は接収も解けて、家は元の家主が住むようになったが、私たちはアメリカ人夫妻ほどには親しくなることはなかった。

家のもう一方の隣には旧男爵の家族が住んでいた。皆学習院に通っていて、上の大学生のお兄さんは毎日学校へ行く前に道路の落ち葉を掃いていて、私が門を出ると、お邪魔になりますね、と道を空けてくれるのが常だった。疎開から帰って間もない頃で、優雅な身のこなしや言葉遣いの若い男性に会ったのは初めてであり、私は毎朝なんとなく緊張した。お向かいの家はピアノの先生で、私も何年か教わった。声楽も教わったが、家で練習すると姉にからかわれて、音楽の才能は結局どれ一つ花咲かなかったのである。

そのうちにテレビが家に来た。私はなぜか相撲に夢中になった。テレビで相撲を観るのが楽しみになって、学校の帰りには友達が家に来て一緒に観戦をするようになった。私が病気の時も友達はやってきて、寝間着姿で一緒に観戦したことが懐かしい。四十八手を自分で分析したり、好きな相撲の型や、好きな相撲取りもできたし、将来強くなりそうな若いお相撲さんを応援したりした。家に、何度かお相撲さんが来たことがあった。清水川とか若葉山とかの中堅のお相撲さんで、羽黒山部屋や双葉山部屋とかの力士だった。私は千代の山を応援していたのだが、彼が来ることはなかった。母はお相撲さんを応援するのは大変お金がかかるので、政治家の我が家は絶対にしてはいけないと厳しく言い、そのうちにお相撲さんが家に来てくれることは全くなくなってしまった。

その頃家には父の従姉妹で深川で寄席をしていた家族の長男がよく来るようになった。彼は旧制水戸高等学校を卒業した年に敗戦になり、大学に入り損ねて、失業もしていた。私には再従兄にあたるその山田晴男さんは、頭脳明晰で、素早い理解力と、ユーモアに満ち満ちた少年っぽい性格で、たちまち我が家の人気者になり、私たちの良い遊び相手になった。初めて犬を飼うようになった時には、イギリスの王党派に対立する自由党の名をとってウイッギーという名前をつけて、犬にイギリスの自由への精神を託した。何度も家から逃げては、母と私で野犬収容所へ連れ戻しに行かなければならなかったこの雑種犬を、「俺は自由がほしいんだ」と言っていると英雄扱いをした。

猫を飼い始めた時も、ノンシャランで、人にはあまり懐かない美しいそのシャム猫が木登りはしても降りてこられない、その臆病な様子からミミという名前をつけたのも彼だった。旧制高等学校の教養を十分に身につけた彼は、いつもウイットに富んだ会話で私たちを楽しませ、歴史から文学、哲学の分野を横断した知識で、いろいろなことを教えてくれた。結局は新制大学東大への入学ができなくて、そのまま放送局へ就職をした。曽呂村出身の母親の期待を一身に背負った、下町育ちの青年は、闊達な言葉と行動力を持ちながら、占領下の放送局にはなかなか馴染めず、そのうちに水戸の旅館の娘さんと結婚して婿入りをした。戦前ならば、ホモソーシャルな社会が用意されていたエリートの青年は、突然の教育制度の変革に乗り遅れてしまったのである。

その一方で戦後の女性には国立大学だけではなく、私立大学にも進む道が拓けた。東大にこだわった晴男さんの気持ちがわからないわけではないが、私たち戦後世代の娘たちにとっては、大学で学ぶという人生コースが自然なことになっていく時期でもあった。

戦後の復興の新たな路線が、私たち家族にとっては、日常生活の「小さな父」が社会的な「大きな父」になっていく過程でもあり、「大きな母」が、家母長であり続けようと願って、「個人」になり損ねていく過程でもあった。

しかし、その言い方も正しくはないかもしれない。それは、家の中で、父が母と平等な「小さな父」になっていくのは、母が大きな母であることと比例していたし、父が復興する日本の戦後社会という家の外部で、「大きな父」となっていくことに比例してもいたからである。それは封建的な男性優位社会とは異なってはいても、新しい形の男性優位社会の復活だったのではないだろうか。明治生まれの、村社会に育ち、外務大臣になるという大きな夢、国家、社会に役立つ「大きな父」となることを夢見た少年時代を過ごした父にとって、復興とは、占領時代に味わった、自治権を持たない、国家から自らの国をリードする力を持つ男性的自尊心と尊厳の奪回を意味してもいたのだろうか。父はフィリピンの賠償を解決する特使として尽力したが、それはフィリピンへの謝罪の気持ちと同時にそこで命を落とした日本人への鎮魂の気持ちが大きかったと思う。父の妹桃子叔母の夫は、モンテンルパで戦死したが、父はそこで俳句を作っている。

かんな咲き　かんなは赤き　モンテンルパ

民主主義時代の日本人としての「父」のあり方を、父は家の中では「小さな父」であり、外では「大きな父」となることだと考えていたに違いない。それが戦後日本の家族の変容の過程であり、男性優位社会の維持と再発展の過程でもあった。

「母なるもの」も変容した。戦争中、そして疎開中、父は小さくもなく大きくもなく、不在だった。母は父不在の疎開生活を通して、「大きな母」になっていった。それは母にとっては自己発見でもあったのだと思う。しかしそれは、母が個人として、新しい戦後の女性として生きていくのではなく、「大きな父」を外に育てることに貢献する力となった。西片に家と家庭の実態を作った父は、その領域の中で母とは平等な、厳密には家長でもない「小さな父」になることで、その外部、公の領域で「大きな父」である道を可能にしたのである。「大きな父」とはもちろん象徴的な言い方ではあるが、しかし、それは日本の復興の中で再生産され、再構築されていく社会的家父長制を意味している。敗戦で失ったかに見えた父の力は、復興とともに新たな形と機能で、短期間で復活していった。西片の家への引っ越しは、その転換期にあたっていたのである。

一九五一年は日本がサンフランシスコ条約で独立した年だった。経済復興はまだ発展途上で、三種の神器もまだ流通していない時代だった。中国は共産革命を成し遂げ、米ソの対立を軸とする資本主義自由民主主義国と共産主義国の対立が激しくなる冷戦時代へと進んでいく過程にあった。日本の復興も単に日本のためではなく、世界の覇権争いの中で、新たな重要性を持っていくようになり、国際社会は日本の果たすべき役割へ関心を寄せるようになっていく。未だに日本は敗戦後時代の只中にあったが、戦後時代の大きな転換期だったのである。

男女同権という歴史的出来事を経て、憲法上は家父長制家族制度もなくなった時代に、西片の家のジェンダー関係が対等になったとしても、それは当然だったかもしれないが、家庭主義の中での小さな父への凋落は、決して社会の中での「大きな父」の凋落を意味しなかったのが日本の戦後である。小さな父と大きな父との振り分けは、自己主張をし始める強くなった女性という他者をなだめ、共存するために必要な方便だったとも言えるのだろう。この西片町十番地ろノ十七の、こぢんまりとした昭和の数奇屋造り家での生活は、父が経済企画庁長官、通産大臣、大蔵大臣と内閣の役職につくようになっていくにつれて、大きく変わっていくことになった。

まず来客が多くなり、秘書官の居場所もないため、せっかく茶室の庭のように造られていた庭を壊して、もう一つ客間を建て増しすることになった。公用車が来ても駐車場はなく、待っている間の運転手さんの居場所もなかった。お手伝いさんの数も増えて、いわゆる「女中部屋」がついている家だったのだが、その部屋は大変狭くなってしまった。折しも所得倍増政策を打ち出した池田内閣の大蔵大臣に就任した父は、高度経済発展の舵取りをする大蔵大臣として、多忙を極める生活を送るようになった。

家は女性の城だと言われているが、私は渡辺町での幼い頃、東片町、西片町時代にも母が日常を家の中でどのように過ごしていたかについての具体的で、鮮明な記憶が少ない。日中は学校へ行くので、家にいることが少ないということも理由なのだろう。家の中での母の居場所は台所とは言えなかったと思う。戦前はどこの家でも住み込みのお手伝いさんがいたし、戦後は多くの来客や秘書たちの出入りする家庭で、母が台所に立つことはほとんどなかったように思う。とすれば、家という母の城の中に母は個人が一人になる場所はなく、城全体が彼女の居場所であり、世界だったと言えるのだろう。入るのが憚られる夫の書斎、家族のメンバーの内面がかくまわれている一人部屋はこの家には存在しなかったのである。全てが母の居場所だったのだ。

その意味で、父と母の家は、男と女、夫（主人）と妻（主婦）という性別役割分担の境界線が明確でない場所、ジェンダー化が曖昧な空間だったと言えるだろう。この家でただ一人、父だけは公的な居場所が家庭の外にあり、家庭は、つまり家族のいる場であるる家は、私的な空間である意味合いがはっきりしている居場所だったのである。書斎も母の机もない家であっても、家という「私的」な日常を過ごす親密な場所であったことには変わりがなかった。

一九五〇年代までのそのような家にも歴然として存在した領域化は、住み込みのお手伝いさんの居場所と家族の居場所の区別だった。戦前から都市中産階級は田舎から出てくる若い女性たちを住み込みのお手伝いさんとして採用してきた。彼女たちは結婚するまで、家庭内での労働を通して、家事見習いをしながらやがては結婚して自分の家庭を持つ主婦となる準備期間を過ごすのが普通だった。親戚先の若い女性を家に住まわせる習慣もあったが、多くは食事や着物なども支給されて家事手伝いをする女性労働者階級だった。

家族の一員として信頼される関係となる例は多かったが、居場所としては、「女中部屋」

という台所に近い、狭い部屋を与えられることが多く、朝から晩まで、家族の食事、掃除、洗濯、買い物、時には子守などの家事を担う、あるいは手伝うのが仕事だった。中に下男や書生など男性が住み込みで働く裕福な家もあったが、書生は大学や専門学校などの勉強をさせてもらうことが条件の手伝いで、下男は家の中よりも家や納屋などの修理や庭の手入れなどの外回りの力仕事をする役割を担うことが普通だった。

これらの家事を担う家内労働者は、家族とともに住むにしても、家庭内空間の仕様に関しては、かなりはっきりとした境界線が引かれていて、区別された空間で生活をした。家内労働者の供給は一九六〇年代の半ばまで、中学卒業生の集団就職があり、ずっと続いたのである。少子化、高齢化が進む現在の都市生活では家内労働者の人口がほとんどなくなりマンション住まいでは住み込みの人のためのスペースもなくなり、家事労働の人件費も高くなって、一般的な中産階級の家族には住み込みの家事手伝いの採用は不可能になった。働く主婦が急速に増えた二十世紀後半からは、家事の外注産業が代わりに発達した。

西片町時代の我が家では、東京で暮らしたいと希望する若い女性たちが後を絶たなかったが、やがて、地方からの集団就職先を紹介する女子大の教授から依頼されて、遠くの地域からの中卒の女性たちが常に数人は、家に住むようになった。家族の家は親密な関係性を作り出す私的な空間であるが、そこには他者もいて、他者と家族の区別は空間によって、その隠然とした境界線の引かれた空間構造によって、隔たれていた。しかもその他者は雇用者と被雇用者という関係がありながら、家族の一員としての信頼と相互依存の関係も持つ、階級社会の特殊な家内関係の空間を前提としていたのである。

一九五〇年代の前半、西片町はあまり変わらなかった。新しい家が建つこともほとんどなく、戦前の日本家屋が、瓦屋根と漆喰の土塀や石垣の美しさをそのまま残して並ぶ風景は引っ越してからも変わらなかった。

中学時代は私のいわば「無垢の時代」の終わろうとする転換期で、戦前の名残を残す西片町の街並みとともに、過ぎていく時間の「日の名残り」を残す時代だった。家の建つ崖も母によって何度も斜面が手入れされ、地盤が強化されてきたが、やがてこの地域の崖は、矢継ぎ早に新しい家が建ち始めるに従って、コンクリートで固められて草地はなくなり、崖崩れの危険も薄らいだ。広い屋敷の日本家屋は世代の変わる度に、分譲されて外観と素材の全く違った家々がその場を占め、前にあった家が思い出せないほどに風景が変わった。その変貌は高等学校時代の一九五三年から五六年には明らかになりつつあったが、大学に入った一九五六年以後は、戦前の名残を残す家屋が壊されてなくなっていく過程が、高度成長時代へのスタートを象徴していることが、東京全体の変貌の中で明白になっていった。

私が娘として家族と一緒に住んだ家は、渡辺町、東片町、そして、疎開先の勝山町、そして館山市北条の家があるが、勝山時代は母との生活だったし、館山時代父と母は不在で、祖父母とともに暮らしたのだった。したがって、父との生活の思い出はごく限られたものだった。西片町に父母が腰を据えるようになって、私は家族生活だけではなく、自分自身の生活が実質的に始まったような感じがしたのであった。

一九六七年に帰国した時は、父母の新しい西片町の家に帰ったのだが、留学先で結婚して子供が生まれていた私は、この新しい西片の家の、私のために作られていた部屋には狭すぎて住めず、結局私にとっては旧い、その時にはもう他人の家となっていた西片の家だけが私の西片町の家で、それは思い出の中にのみ存在する家となっていたのである。

太宰治の『斜陽』には没落していく上流階級を象徴する出来事として、長年の家族の家であった西片町の家を母が出ていく場面が描かれている。郊外へ移ることは古い貴族的な生活から新しい新興住宅地の家での質素な貧しい生活を余儀なくされることを表している。郊外は東京の町外れの田舎であって、小説では西片町は貴族の家族が住むような優雅な場所として暗示的に描かれているのだ。西片町の変貌は貴族階級の没落ではなく、古き良きエリート階級の変貌を意味しているだろう。夫が帝国大学出で、友人や先輩、後輩とホモソーシャルな知的エリート階級を形成し、社会、文化をリードしていく、そのような知識人の共同体の存在を西片町は顕現していたのである。しかし西片町の変貌は、青山や六本木、紀尾井町といった、旧公爵や旧伯爵、政界の要人たちが住んだ街の変貌に比べれば、驚くほど小さい。西片町は依然として崖の上に立っているが、その崖はコンクリートで強化され、崖の下の家々は新しくおしゃれに建て替えられて、崖の上の家と崖の下の家の格差は大きく縮まっている。

阿部公園（西片公園）は依然として西片町の中心を占め、桜の古木は毎年見事な花を咲かせているが、町の中心は誠之小学校という有名な学校で、越境をしてまでも子供たちを通わせたいと願う教育熱心な家族が望んで住む場所となった。東大の存在も西片町の安定した人気を支えているが、東洋大学をはじめ多くの私立学校が西片町に、教授、研究者、医者、作家の住む街という位置付けを維持し、定着させている。ハイライズの商業ビルやマンションも建たず、しかしそれらに囲まれた盆地のように、知的エリートというよりは、戦前の都市中産階級の名残を漂わせる一戸建ての住宅地としての風貌を保ち続けている。

近隣の森川町、白山、そして団子坂や根津、谷中も、建物は変わっても、古い東京や江戸の雰囲気を残し続け、外国人や芸術家に愛される街という新しい位置付けも加わって、文化の継承を形で残している数少ない東京の地域として生き残ってきている。本郷通りは相変わらず開発から遅れているが、それも、六本木の急激な変貌を考えれば、遅れていることが、かえって文化の記憶を長く残す要因となってきたのだと思う。都市は建物が変わると、元の風景の名残を消し去り、その風景を呼び戻すことが不可能になってしまうのだ。建物がなくなっても、山河が残る場所ではないのが都市文化なのである。

第八章　西片町の家（二）——高校から大学時代へ

一九五二年に連合軍と日本国の間で結ばれたサンフランシスコ平和条約が発効され、日本は独立国になった。七年間の占領時代が終わったのである。一九五〇年に勃発した朝鮮戦争は日本のアメリカ基地の重要性をアメリカに認識させると同時に、軍需景気が日本経済の復興を後押しした。日本の経済発展のテイクオフが現実的な、目に見えるものになっていく一方で、戦後の新しい社会体制は整っていなかった。占領政策と戦前の古い社会構造が混じり合って、社会通念も、人々の意識も、未来へ向かっての国・社会作りへのコンセンサスもできていなかった。

この時代に私は中学校と高等学校、そして一九五六年には大学へと進むのだが、社会は経済景気に沸いていた。雙葉の閉鎖的な環境で勉強に勤しんでいた私は戦後時代が終わろうとしている時代の雰囲気を肌で感じることがなかったような気がする。生活が豊かになった実感もなかった。春休みや夏休みは、館山の祖父母に会いに行って自転車で近くを探索したり、東京ではアイススケート場が後楽園にできて、友だちとよく行った。制服以外に初めて服を買ってもらい、それを着てスケート場に行ったことが記憶に残っている。家と学校の外に遊ぶ場があることがよほど嬉しかったのだ。

一九五〇年代の後半は、朝鮮戦争による国防意識の高まりが、自衛隊の結成とともに日本国家意識の復活をもたらし、保守化への傾向が高まる一方で、社会革命を目指す共産党などの党派、労働運動、そして勤務評定や道徳教育を導入する政府の教育政策への反対闘争、日教組の運動などが、対立勢力としての政治力、革命勢力として拮抗していった時代だった。インドの独立、中国共産革命、イスラエルの建国に続く一九五〇年代は、戦後の占領時代が終わり、日本の独立国としての新たな出発の時であったが、それは世界的なポスト・コロニアル時代でもあったのである。

激動の時代を、家庭に守られて平穏に過ごすことができただけに、キリスト教倫理と雙葉教育の中で、純粋培養気味の少女時代だった。それは幸いなことであったかもしれないが、世間知らずの少女時代は本の世界に没頭し、文学作品を読み漁る時代でもあった。指南役がいないままの乱読であったが、とにかく私は文学少女になったのである。

一九五〇年代は、家父長制家族制度に支えられた古い「父なるもの」の概念が、アメリカに負けることで、家族の中でも、社会的にも、そして文化的にも機能しなくなっていたが、そこからの回復には国家の力の回復が不可欠であると人々が考えていた時代だった。家父長制家族制度は父と相続権を独占的に所有する長兄を頂点とした血縁家族構造で、財産相続権、親権を持たない妻や娘、次男以下の男子は、家の中では父と長兄に経済的にも、社会的にも、そして精神的にも依存するものとして位置付けられる権力構造なのである。その権力構造は社会構造による支えがなければ維持できないが、女性が参政権を持たず、娘は親の決める結婚をして婚家の一員とならなければ居場所を持たず、次男以下の男子も財産わけなどで親の経済的援助を受けなければ、すぐには自立への道がない、という家族の外の社会構造の中では、父と長兄による支配体制の維持は確実なのである。男性主体の社会体制を保つには女性、次男を権力構造の下位に位置付けるから、ジェンダー構造を維持することが必要であり、家父長制家族は、家族構造と社会構造が相補的に維持し合う権力支配構造なのだ。しかしその家族と社会の弱者を排除する上に成り立つ権力体制は、国家権力体制の礎として位置付けられていて、家父長制家族制度の構造を安定化させている。それは憲法によって決められているのである。

国家の政治体制に女性が入れないのならば、国家の権限の維持に、女性を排除する家父長制家族制度は不可欠である。国家権力と家父長制家族は相互補完的な関係にある。家族の上に社会、その上に国家があるというピラミッド式の男性主体権力体制は、明治になって強化されてきた、近代的な社会構造なのである。

帝国大学という教育制度は政府の役人育成を、家父長制家族制度の維持に頼る教育制度であり、卒業生、つまり学士はエリートとして、結婚などにより資産の安定した家族の、そしてその階層の一員となり、ホモソーシャルな共同体を形成し、政府・官庁による政治権力構造の一員としてのキャリアを築くことを可能にする。敗戦後の新憲法で、家父長制家族制度はなくなり、表面的には核家族が、家族構成の基本となった。しかし、それは女性を家族の中での父、夫による支配関係から解放するものではなかった。一九五〇年に入る頃には、戦後の女性議員の躍進と男女平等の憲法による保証があったにもかかわらず、資本主義経済の社会構造の中で、男女は別々の役割を持ち、女性は専業主婦として、家族の中に封じ込められていくことが新たな家族構成でもあり、社会構成でもあることが明らかになっていった。夫は仕事、女性は家庭という性役割分担の定着である。

妻や娘はここでも経済的に父や夫に依存する存在として位置付けられる。専業主婦となった妻は、男女平等教育制度の設定で、高等教育を受けることができるにもかかわらず、大学や高等学校卒業後はすぐに結婚をして家庭に入り、家庭の維持と夫の労働力の再生産のために無償労働をすることによって、自らが社会参加するのではなく、家庭に封じ込められてしまった。社会的に、中でも職場での男女平等の働き方は全く存在せず、結局は女性が働くことを通して経済的に自立する道が狭まっていったのである。

敗戦は日本にとって大きな分断となった。しかし、戦後文化が戦前のそれと基本的に変わったかというと必ずしもそうではなかった。中でも、最も大きな変化であるはずの女性の社会的地位は、女性観と性規範とともにほとんど変わらないままに二十世紀後半の新しい日本は始まった。

戦後社会は戦前の社会との分断を通して根本的な変化を余儀なくされる日本近代史上の最も大きな転換期でありながら、古い意識、慣習、そして制度が新しい核家族という衣装を着て復活してくるのが女性にとっての戦後時代であった。そしてそれが、私が大人の女性に成長していった時代だった。林芙美子の戦後の小説『浮雲』と『めし』にはその転換期の女性の新たな家庭への封じ込めをめぐる不安と揺れ動く心理が描かれている。

『浮雲』の主人公は戦後の世界を生き抜くために外国人の娼婦となって、家庭の外へ「転落」していくが、ヴェトナムで知り合った恋人を追って日本の秘島、国境ぎりぎりの屋久島へ行く。男は戦後の社会で同じように家族も捨て、精神的に荒廃していくが、やがて日本が復興していく過程で元の農林省の官吏に復職し、社会復帰をしていく。一方の女性主人公は屋久島で子宮の病気になって死ぬのである。家庭の外を放浪する女性にとって、戦後社会は戦前の社会と変わらないのであった。『めし』は林芙美子の最後の小説で未完成だが、主人公は親の反対を押して好きな男と結婚し、夫の帰りを待つだけの家に閉じ込められた生活に、次第に鬱積していく内面を抱え始める。東京の実家へ帰った彼女は、専業主婦の生活に戻るか、東京で自活の道を探るか、決められないままに、大阪の夫のところへ帰ってゆくのだ。

林芙美子の『放浪記』は高校時代に、藤村にフラれたという噂の日本文学の先生とともに読んだ。また、宮本百合子の『伸子』も同じ時期に読んだ。先生は林芙美子の方が好きだそうで、ハチャメチャな人でないといい文学は書けないと言っていた。林芙美子は本郷、白山界隈に住んでいたこともあり、その足跡が多く残っている。白山上の南天堂書店はアナーキストの一つの拠点でもあったそうで、林芙美子はよくそこに出入りをしていた。今でも健在なその書店は、私が西片町に移って以来行きつけの本屋だった。宮本百合子は西片町の誠之小学校出身なので、親しみ深かった。『伸子』は第一次大戦後のニューヨークに住んだ経験、そこでの親の反対する「しがない」中年男性との恋愛を描いていて、若い私の青春の書となった。

一九五〇年代は、日本が戦後から抜け出していく時期でありながら、新たな文化や社会制度が形成されていくのではなく、古い文化意識が変革を阻害することが明らかな現実となっていく時代でもあった。そのアンバランスが、革命を目指す左翼活動と、占領からの独立で、日本の伝統的な家父長制社会の復活を目指す勢力との間で、過激な衝突を生んだ時代でもあった。林芙美子も宮本百合子も五十歳前後の若さで一九五〇年には亡くなっている。戦後の日本社会をさらに生き続けていたら、どのように感じ、何を書いただろうかと思うと残念である。生き残った女性作家の代表的な人は佐多稲子と平林たい子であるが、佐多は共産党員で、そこから離脱していく過程が、一九五〇年代の経験と深く関係しているのではないだろうか。

この時代の大きな動きは、私には直接には届かず、家族の中にも波が立つことはなかった。それは、母が自分のあり方に不満を持たなかったからだと思う。母は自分の自立した仕事を持たなかったが、政治家の妻はそれ自体が大きな仕事だった。家の家計は任されていたし、父に頼られ、その温厚な性格に言い争いなどは起こらず、自分の役割に満足できたのだと思う。その頃母は油絵を描いていた。光風会会員の画家が先生で、私たち家族は皆日曜日には、近くのアトリエのように使わせてもらっていたところで、絵を描いた。母は負けず嫌いの性格を発揮して、光風会の展覧会に入選した。姉はそこで絵画に開眼し、その後、一九五八年からフランスへ勉強に行くことになった。まだほとんどの人が海外へ行かなかった時代である。姉は二人の著名な画家（鳥海青児、林武先生）にお供をして行くことになった。

高等学校に入ると、新しい先生が担任となった。東大で美学の修士を取られた村田脩先生で、初めての授業で、「女性の地位の向上について」という題で書くように言われた。そのあと私は先生に呼ばれて、将来何をしたいのか、家族に作家がいるのかなどと聞かれ、一時間もいろいろなことを話してくださった。そして、女性の地位の向上は簡単なことではない。まず女性自身が自分の生き方をよく考えることだと言われた。私はその作文で、女性は家庭に入ってぬかみそ臭くなってはならない、仕事を持ち、社会のために何かをしなくてはならない、そのためにはいろいろなことを経験しなければならないし、いろいろな国の人たちと友人にならなければならない、文学作品や古典を多く読まなければならない、というようなことを書いたと記憶している。

先生は俳人でもあり、私たちに機会あるごとに俳句を作らせた。キリスト教者で哲学科美学専攻出身なので、私の知らないことや本を多く知っていらした。そして、クラスにエラスムスの『愚神礼賛』を読むようにと宿題を出された。この本は私が終生忘れることができない本となった。先生はまた、受験勉強のためにという名目で、放課後に補講クラスを設け、源氏物語を原文で読むことを始めた。このクラスはずっと続いて、私は古典を原文で読む楽しみを教えていただいた。日本古典文学と西欧のキリスト教の世界、この交わる点がよく見えない二つの異質な世界を若い先生は自由に行き来しているように見えて、私は深い知的な刺激を受けた。私は先生に俳句よりは近代詩の方が好きだと伝えたところ、俳句は皆で作り、鑑賞するものだが、詩は一人で作るもので、読者はまず自分だと言われた。俳句の読者はまず仲間だが、詩の読者は一緒にいなくても、遠くにもいるので、本当に深い思索を必要とすると言われて感激した。先生に影響を受けた多くのクラスメートは俳句を作り続け、のちに先生が主催する「萩」という雑誌を作られた時にはその多くが参加した。その雑誌は最近まで先生の主宰のままで、クラスメートも先生の指導のもとで俳句を作り続けていた。

もの静かで頭脳明晰、哲学者の風貌を持つ若い先生の面影は、学問や文学表現の世界への憧れを私たちに持たせるに十分だったのだ。高校時代は、この世俗を超えた世界に住んでいるような美学者の先生、皮肉なエスプリを持ち、辛口の批評を下す日本文学の先生と、若い女性の数学の先生、そして、フランス語と英語の外国人の先生が、私に教師という職業を考えるきっかけを与えてくれたように思う。私はこれらの先生に心酔するというよりは興味深い観察の対象というような気持ちをどこかに持っていて、父や母をはじめとして、私の家庭の周りにいる人々と比べるところがあった。私の家族は明らかに、雙葉の先生たちとは違っていた。私は自分を先生方に重ね合わせて、やはり違うものを感じてもいた。

数学の先生はお茶の水大学の出身で、数少ない女性数学者の一人だということだった。私は文学好きで詩を書いていることなどでクラスでは知られていたが、数学は特別に好きでも、優れてもいなかった。その私が東大での大学受験のための模擬試験で三位になったことがあり、それが発表されて先生方に褒められた。数学の先生は、数学は想像力と直感を必要とするので、文学や音楽が好きな人が多いのですよと言われて、私はすっかり舞い上がったものである。その先生は結婚されて、赤ちゃんができると、学校を辞めていかれた。当時は女性教師が出産すると学校を辞めなければならないという規則があった。企業や会社では、結婚すれば辞めなければならないことは普通で、年齢制限さえあった。二十五歳を過ぎると勤め続けられないという航空会社もあった。

これらの先生は、若く感受性の強い年齢の私たちに深い印象と影響を残している。私は中学生の時は中学の先生になりたいと思い、高等学校では高等学校の先生になりたいと思った。それは幸運なことだったと思う。といっても嫌いな先生もいた。学生は先生を観察する。そして嫌な点を知るだけではなく、その先生の人柄が好きにはなれないと感じる。若いからこそ、人柄を全体的に感じることができるのだろうと思う。褒められても、批判されても、それは変わらないのである。

雙葉はフランスのサン・モール修道会（現幼きイエス会）の運営するキリスト教の学校だが、キリスト教教育をするわけでもなかった。カトリック教理の授業が毎週一回あったが、宗教的な行事や慣例行事はほとんどなかった。毎日の礼拝などもなく、生徒の大半はクリスチャンではなかった。学園内にはお御堂と呼ばれていた礼拝堂があったが、戦災で破壊されてから、その当時はまだ復興の途中だった。聖イグナチオ教会で毎週金曜日に雙葉のために特別ミサが行われたが、私はほとんど出なかったし、出ない生徒の方が圧倒的に多かったと思う。教員の多くはクリスチャンだと思うが、それは知らされていなかった。しかし学園内は黒衣に身を包んだ修道尼の教員が数人いて、校長先生もそうだったが、一旦足を踏み入れれば、キャンパスはどこか別世界だった。学園内には修道尼の先生たちの宿舎があり、そこはさらに隔離された秘密の区画だった。そこは修道院と同じ環境だったのだろうか。皆興味津々だったが、近寄れなかった。

服装規範もあり、特にスカートの長さがいつも問題にされた。その頃は長いスカートが流行って、スカートはひざ下何センチと、長いスカートを引きずる流行行為を禁止していたが、やがて、ミニスカートが流行ると、今度は、長くするようにという規則となった。不良生徒はいなくて、問題を起こすようなことはなかったが、映画や演劇など舞台に立つことは禁じられていた、二クラスほど下に水谷八重子の娘さんがいたのだが、舞台に立ったということで、退学になった。映画のエキストラで、宮様のそっくりさんの募集に受かった生徒も、退学になり、それは思わぬ形で社会問題となった。校長先生の誕生日が休校日となっていたのだが、その日に、撮影があったため、校長先生の誕生日を休みにするということが明るみに出て、それが大きく報道されて批判を浴びたのだった。

キリスト教理の授業は校長先生の担当だった。お茶の水出の先生は、大変聡明なことで知られていた。議論もよくされて、誰も勝てないという評判だった。校長先生に反感を持ったことのある母は、私がキリスト教に影響を受けることを快く思わなかった。ある日、校長先生が、信じるということは理屈ではない、ただ信じるから信じるのだ、と言われたことを家で話すと、母は大変強く反論をしてきた。多くの迷信や間違った思い込みなどが、他人を傷つけ、世の中を生きづらくしていると言うのである。理性的に物事を見極めることが必要で、ただ信じてはいけないのだと。またある時は、校長先生が、親は親だから敬愛しなければならない、いい親だからではない、と言われたことを家で話すと、母はまたひどく反論をしてきた。尊敬に値しない親もいる。必要な時には親から子供を引き離すことも必要になるほど、子供にとって悪い親もいるのだと。職業に上下はあるが、貴賤はない、と校長先生が言われたが、母は、上下があるというのはおかしいと、厳しく反論した。

そのようなことが繰り返されているうちに、学校と家族が、私にとって等価な場所だと思っていたのが、そう単純ではないと思うようになった。母は現実に生きる、リアリズム思考と実行力を発揮する力強い女性だが、その母が、倫理的なことでお説教をしたりすると、説得力がなかった。他方で校長先生は精神的、倫理的な思考と信仰の内面的な課題を、世間＝社会に生きる女性となる少女たちを教育することの基本に置くという難しいことをしている信念の女性だった。頭が切れるので、決して言い負かされないし、生徒の考えの欠陥を見逃さない。その先生が、権力におもねるようなことや、計算高いと感じさせるような時には、なんとなく白けた思いがした。

私は女性の地位の向上について考えることを教わっていたので、どちらの女性も、どこか肝心なことに触れていない気がしていた。その頃は初めて獲得した参政権で選挙に当選した女性議員が多く出て、世界的にも注目を浴びていた時だった。私たち姉妹は「野放し」と母が言うように、厳しく行儀を躾けられたり、行動を規制されたりするなどがなく自由な雰囲気の中で育った。女三人と父の家庭で、いつも女性群は優位で、父はお説教をしたり、批判したり、悪口を言ったりしない温和な性格が相まって、何を言っても叱られない雰囲気の中で、お稽古事や裁縫や料理を習うこともなく、大学へ行くことは当たり前のように勉強することができた。

しかし、私はただ高校時代を楽しく、明るく過ごしたのではなかった。広い世界が彼方に広がっているのに、私のいる場所はあまりに狭かった。仲の良い友達はいたが、放課後にも、日曜にも遊ぶということはあまりなかった。まず遊ぶところがなかったし、部活なども当時はあまり活発ではなかった。学校は放課後の寄り道を禁止していて、親の印のある理由書がなければ、途中でどこかに行くことはできなかった。その頃は、現在の迎賓館、旧赤坂離宮が国会図書館になっていて、私はそこに放課後よく行くようになった。四谷駅から省線（現ＪＲ）の線路を越えると、四谷の街は雰囲気を変えて賑やかな商店街となったが、そこから赤坂離宮への道はまたガラッと風景が変わり、中でも門を入ると道を高い樹木が並木を作り別天地へ入っていく雰囲気を持っていた。長い階段を上って閲覧室に入り、西欧風の装飾のある古風な長い机で本を読むことは素晴らしく、未知の世界へ入ってゆく経験のもたらす魅惑があった。それでも豪華で、西洋文化の香り高い長い階段を上っていく時には、どこか違和感を覚えることがあった。ここで自分は何をしているのか、という意識がふっと湧いてきた。ずっと後になって、大学院生の時にイギリスに住み、大英博物館で勉強した時にも、同じような感慨にもっとはっきりとふけったものだった。カール・マルクスはどうだったのだろうか。大英帝国の繁栄を象徴する大きなドームのある広い部屋が、マルクスが仕事をした場所だと聞いていたのだ。

しかし私は中世の僧院に深く憧れを感じていた一人で神と向かい合う世界のように思えた。暗さの中に光と影がたゆたう雰囲気に憧れた。のちにイェール大学へ留学した時には、僧院と似た感じの図書館に出会い、大きな図書机のある広い部屋ではなく、本棚の並ぶスタックの中の机を申し込んで、そこで勉強するのが嬉しかった。

雙葉でのカトリックの世界への導入で、私が知ったのは罪の意識だった。してはいけないことというよりは、願ってはいけないこと、思ってはいけないこと、感じてはいけないこと、などの内面の束縛だった。禁止の規範というよりは、内面の誘惑を意識すること自体が、罪であるというカトリックの原罪の概念、そして、無垢と経験の思想、それはのちに経験により堕落することが認識に至るために必要であるという「幸運なる堕落」思想に出会い、そこから解放されるまで、私を深くとらえて、同時に魅惑した。ゲーテの『ファウスト』、トーマス・マンの『魔の山』、バルザックの『谷間の百合』、ジッドの『狭き門』など、自分を律することの緊張と苦悩をテーマにする文学に惹かれた。

父は私が暗い顔をしていると言って気にすることがあったが、特別にどうしているのかと聞いてきたり、話をしたりするようなことはなく真剣に心配している様子はなかった。私は母には反発ばかりしたが、それでもかなりの腰巾着で、母とはよく映画を観に行ったりしたし、話もよくした。母はむしろいつもしらけた様子の姉の方と気が合わないらしくて、議論をしたり、話し合ったりすることはあまりなかった。かといって姉が内向的であったことはなく、東京女子大の短大へ行くようになると、家の外にいることが多くなったので、母の話し相手が私に集中したのかもしれない。姉は母には内緒でタイプを習ったり、カントリー音楽を聴きに行ったりした。このことを母は全く知らなかったと思う。

その頃母は私を山やスキーに連れていってくれるようになった。家に書生のようにして来るようになっていた妙高出身の大学生が、案内してくれたのがきっかけだった。私は登山にも、スキーにも魅せられ、大学に入ってからはさらに登山に熱中した。登山は生き方を教えてくれるように思った。山の文学も読むようになり、山と詩はキリスト教の罪の意識から解放してくれる経験だった。自然の中での孤独は高校時代に見つけた憧れの領域となった。

高校時代を通して、私は恋愛を経験しなかった。女子校なので、男の子と会う機会がなかったこともあるかもしれないが、好きになる男の子にも男性にも出会わなかった。憧れる男性もいなかった。その頃は「S」（sister の頭文字）と言って、女の子が憧れる上級生を持つことが女学校時代からの伝統で、当たり前のようにされていた。私は男性からも女子下級生からも手紙をもらったこともあったが、それが心を揺さぶることもなかった。

高校を卒業した時、仲良し五人で伊豆半島から大島へ旅行をしたことがあった。その帰りの汽車の中で、私たちは二人の大学生に出会い、東京に帰ってから、盛んに電話で誘いを受けるようになった。その都度私は母に行ってもいいかと聞き、いいと言われても、結局は一度も会わなかった。心惹かれるわけでもなく、男の子と会いたいとも思わなかった。初めての私たちだけの旅行で出会った湯ヶ島や天城山脈越え、そして大島の壮大な風景は旅の時間とともに移る一連の連続写真のようにつながって鮮明に心に編み込まれている。

その後出会った大学生から手紙をもらったり、誘われたりしたが、それには答えなかった。実際私は誰も好きではなかったのだ。それは好きになる世界が見つかっていなかったからだと思う。人生のロールモデルが現れず、メンターもいなかった。私がしていたのは、それぞれが離反し合い、矛盾し合う世界を観察して、それを内面で消化することだったのだ。好きなのは文学の中の世界だけだった。憧れだけが私の親友だったのである。

西片の家の雰囲気もこの時代に少しずつ変わっていった。一九五三年、父が選挙制度の調査に、欧州へ視察に行くことになった。女性議員の第一号でもあった中山マサさんも同行した一人だった。私たちは着物を着て花束を抱えて羽田に送りに行った。プロペラ飛行機のタラップに立った視察団は外国へ行くことで興奮していた。スーツ姿の中山マサさんは颯爽としてかっこよかった。しかし女性議員に私は憧れを感じなかった。父は帰ってくると、イギリスのオートミールが美味しかったことをよく口にしたが、母はオートミールをどのようにして手に入れていいかわからず、結局家で作ってみたが、父はそれ以来オートミールを注文しなかった。

やがて父は経済企画庁（当時は経済審議庁）長官に指名されて第四次吉田内閣の閣僚になった。早くから党の要職を務めてきた父にしては、内閣に入るのが遅かったと言えるだろう。父は自伝の中で、自分は吉田学校の優等生ではなかったと言っているが、外交官エリートで官僚を信任した吉田茂には、父の良さがわからなかったのだ。父はタバコを吸っては灰をあたりに撒き散らしたので、マナーの悪さに呆れられたのだというのが母の解釈だった。初めての入閣で郷里の人たちが喜んでくれて、家には多くの人たちが訪れるようになった。家はいつも客でいっぱいになり、新聞記者の人たちも夜遅くまで家に来ていた。客間がいっぱいなので、新聞記者の中には茶の間で、私たちと話をしてくれる人たちもいた。大好きな田中六助さんはその一人で、私たちを相手に、ジョークなどを言っては客間が空くのを待っていた。私は新聞記者の方に数学の宿題を見てもらったこともあった。

父は一九五六年には石橋内閣の通産大臣となり、そして一九六〇年に第一次池田内閣の大蔵大臣となった。石橋内閣は石橋先生が亡くなられて短命に終わったが、父は尊敬していた大先輩の死を大変悼んでいた。父は本来的に、内閣で政治を行うよりも党人として政策を考える政治家の方が向いていたのだと思う。一九五〇年代の半ばまでの父は表舞台に出ることが少なく、政治家としては地道な歩みだったが、占領下とその直後の体制作りに全面的に関わったことで、政治家としての実力と見識をつけたのだと思う。しかし、大蔵大臣に就任することになって、父の政治家生活も大きく変わるようになった。家は明らかに狭くなりすぎて、来客を通す場所がなくなっていた。母は庭に応接間を建てたり、廊下を広げたりして対応した。せっかくの趣味の良い日本家屋に、ガラス張りの洋式の部屋ができて、家の趣が変わった感じがした。

一九五六年私は大学へ入学した。受験戦争が激しくなる前の時代で、受験勉強として特別な勉強はほとんどしなかった。女子の四年制大学進学率は二・一%（短大も含めると四・九％）で大学へ行かない女性の方が圧倒的に多かった時代だが、雙葉では私の学年で一人を除いて全員が大学、短大へ進学した。残りの一人も、特殊な資格を取るための専門学校へ進んだ。雙葉はその頃はまだ受験校として「御三家」などと言われるようなことはなかったが、女性は勉強しなければならないという教育方針が伝統として貫かれていたのである。

専攻を日本文学にするか英文学にするかで随分悩んだが、英語や外国語が好きだったので、結局は英文科に進学した。二つの大学に入学して、しばらく両方の大学を経験した。明治生まれの祖母は女性として最も早く教員の資格を取った一人で、勉強すること、教えることを信じていた人だったが、祖母が、私が結局は選ばなかった大学を強く勧めたからだった。その大学は女性の教員を多く輩出してきたことで知られていて、祖母は、私に向いていると思ったのだろう。しかし私は東京女子大の、海外へ開かれた、自由な雰囲気が好きになった。卒業論文を書かなくてはいけない、ということを聞いてからは、もう心を決めていたのだった。

入学式には母が付き添って、二人で出席した。母は東京女子大が大変気に入って、明るい雰囲気なのがいいと盛んに言った。学問をする場もする人も暗いという印象を持っていたのだと思う。馬込での少女時代に親しかった祖母の妹の息子、つまり母の従兄弟が地理学を教えているということで、入学式が終わると一緒に会いに行った。その先生は、教務部長だったが、優しい顔つきで、安井てつ先生について知っているかと聞かれた。東京女子大学は新渡戸稲造が創立者だが、実際に大学の教育を常時担当したのは安井てつ先生である。戦時中抵抗運動に加わる女子学生を、身をもって守られたことで知られている。海外経験が長く、国際的な視野から女子教育を考えた新渡戸稲造と権力に抵抗する信念を持った安井てつの作った大学だから、ここは自由で外に向かって開かれているると、人文地理学者の先生は言い、ライシャワー館を見ていらっしゃいと母と私を案内してくれた。チャペルからは鐘が鳴り響き、教員たちは全くおしゃれなどしない質素な服装で、学生たちも、皆それぞれのシャツとスカート姿で入学式に臨んだ。親が出席しない学生も大変多かった。むしろ親がついてくることへの恥じらいのようなものを私は感じた。

祖母に新井先生のことを報告すると、喜んでくれるかと思ったのに、ほら見なさい、あんな出来損ないが教えている大学だからきっと宗子は先生にはなれないよ、だからあんなに津田にしなさいと言ったのに、とかえって東京女子大の価値が貶められてしまった。

私もここは明るいと感じた。同じキリスト教の学校でも、この明るさと内向的な暗さが、プロテスタントとカソリックの違いなのだろう。私が高校時代に精神に背負い込んだのは、キリストの受難へのショックと恐れで、迫害、弾圧と抑圧、拷問、裏切り、沈黙、贖罪、殉教などの課題で、私は自分がそれらに耐えたり、乗り切ったりすることができないだろうという激しい不安と恐れと自信喪失を抱えたのである。

英米文学科の学生たちは英語が必修科目で、いくつかの少人数クラスに配置された。一年生の課題はスタインベックの『真珠』という短編小説とシャーロット・ブロンテの『ジェーン・エア』を読むことだった。一年の終わりには、英語の試験があり、英文科専攻へ進むことができるかどうかがそれで決まるということだった。この二冊の本を私は熟読した。『ジェーン・エア』は私のフェミニズム入門書であり、座右の書となった。

私たち雙葉から入学した数人は、やはり必修科目だった外国語のうち、フランスIを飛ばしてIIに行かせてほしいとフランス語担当の先生に、我らが実力を見せに行った。その先生は現在では大変有名なフランス美術史の学者のお姉さんで、美しいフランス語を話された。ところがその先生はフランス国歌を歌ってごらんなさいと言われたのだ。雙葉は政治嫌いの学校だから、いかに長年フランス語を習ったとしても、あの有名な国歌は歌えなかった。それで、フランス語Ⅰから始めなければならず、雙葉の友人たちは他の言語に変えてしまった。私は地味で、弟自慢のその先生がなんとなく気に入って、そのまま授業をとった。

母の従兄弟の新井浩教授の教える人文地理の授業は、予期しないほどの面白さで、その年はハワイの火山列島についての講義だったが、私は全くそれまで考えなかった自然科学研究なるものの実態を知り、文字通り熱中した。私は今でもその時に得た知識と基本的な見方で、火山を見ているし、人文地理という学問の視点には大きな影響を受けたと思う。部活では近代日本文学研究会に入った。著名な近代文学批評家が顧問の研究会で、日本文学専攻の先輩とともに明治、大正文学について勉強する機会となったが、批評について考える初めての機会となった。在学中は佐伯彰一、篠田一士、加藤周一など当時の錚々たる批評家の『批評』という雑誌を発行するグループの研究会に出席するようになった。私と友人は隅の方で拝聴するだけだったが、それがきっかけで、その先生方の教える都立大学の大学院に行こうと思うようになった。

授業では、ハーバード大学での一年の研究生活から帰ったばかりのアメリカ文学の女性教授江口裕子先生の授業をとり、エドガー・アラン・ポオ、ヘンリー・ジェイムス、ホーソン、メルヴィルの十九世紀アメリカ文学が好きになった。江口先生から最初にポオについて教わったことになるが、先生は芥川龍之介との比較研究の本を出されたばかりで、先生の授業が私にとっては初めての比較文学への入り口となった。イギリス文学では、シェークスピア、ミルトン、そしてワーズワース、コールリッジ、シェリー、キーツなどのロマン主義詩歌を勉強し、卒業論文にはイギリスロマン主義の代表的な詩人で批評家のS・T・コールリッジについて論文を書くことに決めた。都立大教授の加納秀夫先生がロマン派文学を教えてくださったが、キーツの詩を読んでいる時に、自由だ、自由だ、と空を飛ぶ作品中の人物を、これは誰を下敷きにしているかと聞かれて、私は即座にシェークスピアの『テンペスト』と答えて、先生から君の名は何というのと聞かれた。なぜか先生に認められたような気がして、それからは、ロマン派の研究者になろうと考えるようになった。シェークスピア学者の小津次郎先生には多くを教えていただいた。私は『リア王』の発表をしたが、道化を中心にした解釈を先生が褒めてくださって、それ以来、小津先生は私の師匠であり続けた。小津先生も都立大の教授でいらした。

三年生になる頃には、大学院へ行って勉強を続けたいと思うようになっていたし、領域やテーマもロマン主義文学、ポオを核にしてその延長上にいるロゼッティなどの世紀末文学、アメリカ文学、アイルランド文学の中でも、東洋思想に影響を受けたイエーツをはじめとする作家たちに関心が集中した。イギリス文学に関してはヴァージニア・ウルフ、ジェイムス・ジョイスなどを読み、斎藤勇先生の英文学史とミルトンの授業では宿題の多さに苦労した。学問としての研究と批評との違いについても考え、学問という言葉には違和感を覚え、批評と文学研究は同義語だと考えるようになった。

一年生の時、雙葉の友人から、東大の混声合唱会に入ろうと誘われた。大学の帰りに練習しても、家がすぐ近くだから楽だと思い、合唱団に参加すると、東京女子大の先輩たちが多いのに驚いた。練習が終わると皆は新宿あたりで、一緒に食事をしたりして親睦を図るので、家が近いことがかえって不便になった。初めての経験は東大の戸田寮や野尻湖の寮での夏の合宿で、音痴の私も歌うことがうまくなったような気がした。

私は小さい時から音楽が好きだったが、父譲りの音痴で、ピアノも長年レッスンを受けながら少しも上手にならなかった。父は嶺岡の山奥の小学校で、音楽教育を全く受けなかったのが音痴の原因だと言っていたが、私の場合は教育を受けてもダメなのだった。

しかし、コーラスの指揮者と伴奏のピアノ奏者のお連れ合いの選ぶ歌の美しさには魅了された。黒人霊歌、フランス民謡、日本の歌などは私にとって生涯の歌になった。

私はコーラスの仲間たちと親しくなり、一緒に山に登るようになった。大学時代に何をしたかと聞かれれば、まず山に登っていたと答える。母からは冬山には登らないという誓いを立てさせられたし、後になって知ったことだが、一緒に行く友達にお小遣いをあげて私の世話をするように頼んでいたという。もし知っていたら激怒したことだろう。北アルプスの表と裏銀座と言われる山々の縦走や、南アルプス、谷川岳、秩父連山、沢登りと、毎年旺盛に登って、その中のベテランの登山家から、いろいろなことを教わった。テクニックもそうだが、山の楽しみ方、怖さ、マナー、準備にかける心構えと安全確保のことなど、それはまさに人生訓なのだった。

コーラスの仲間たちは、練習の後、家に集まってくるのが習わしとなった。母が夕食を作ってくれることも、また父が彼らを相手に囲碁をするのも、楽しみの一環だったのだろう。当時父は通産大臣になったばかりなので、仲間たちは政治家の家庭にも興味があったに違いない。山の達人は弥生町に妹さんと下宿をしていたし、他の人たちも皆東大の周りに下宿していたので、帰りは遅くなっても平気で、父と懲りなく対戦しては負けていた。父の囲碁はあまりにも素人っぽく、相手は構えることなく碁盤に向かうが、大変な早打ちで相手を惑わすのが戦略で、友人たちはいつも太刀打ちができないでいた。その人たちとは付き合いがずっと続いて、長いアメリカ生活から帰ってもすぐに皆が集まって歌を歌ったり登山をしたりした。一九五九年頃卒業の東大生の彼らはそれぞれ社会的にも活躍して大学教授や会社の社長になっていたが、皆歌と登山は続けていた。一人は退職後、城西大学の監事を長年務めてくれた。

その友人たちの一人と私は恋仲になった。それは恋愛というよりは、彼の生い立ちや淋しげな思慮深い性格に憧れを抱いたのだった。彼は両親と離別して、祖父に育てられたが、おじいさんが死んだらどうしようといつも思っていたという。そして、本当におじいさんはまだ小さい彼を残して亡くなってしまうのである。川端康成と重なり合う彼の幼い時の経験に、私は心を締め付けられるような思いだった。私たちは東大の図書館で勉強し、家では彼がドイツ語を教えてくれた。それ以上深入りした仲になることなく、私はアメリカへ留学することになった。

私は家庭教師のアルバイトを始めた。近所の高校生に数学を教えていたのも、心臓の強い話であるが、それだけ受験勉強が大変ではなかった時代だったのだ。家からお小遣いをもらうことを拒み、家庭教師の他にもいろいろなアルバイトをした。

姉は一九五六年にフランスへ三ヶ月の予定で画家の先生に旅行に連れていってもらったまま、三年も帰ってこなかった。

姉は自立もできず、キャリアのための勉強もしていなくて、しかし結婚して専業主婦になる気にもならないらしく目的の定まらない生活をしていたので、フランスに行くことを大変喜んでいた。すごい画家の先生たちに連れていっていただけることも夢のような話で、何の準備をすることもなくイキイキとフランスへ行ってしまった。姉がいなくなって母の注意はますます私に集中したが、私はダンスをしたり、ジャズコンサートに行ったりして遊ぶことがなく、読書ばかりしていたので、それもまた気に入らないのだった。私が学者になろうとしているとか、詩を書いているとかいうことに、熱を感じることは全くなかったのである。祖母の方は先生になるには東京女子大はいい選択ではなかったと、私を牽制し続けたが、卒業前に大学院へ行くと告げてからは、大学の先生になるんだね、とやっと安心したようだった。祖母は先生こそが女性にとって最も良い職業だと信じていて、大学だろうが小学校の先生だろうが、お茶の先生だろうが、先生でさえあればいいと思っていたに違いない。私が最初の詩集を出した時に興味を示してくれたのは父だけだった。父は姉に、どうだ、あいつの詩はいいだろう、と言って、姉に親バカ、と相手にされなかったそうである。

コーラスの登山仲間のうちのリーダー格の青年はマルキストで、セツルメントという当時流行りの社会活動をしていた。彼は同じコーラスのメンバーで大変著名な東大教授の娘に恋をしていて、結婚を申し込んだところ、その教授が彼の指導教員にどんな青年で将来の見込みはどうかと調べてもらったそうである。その教授は、可もなく不可もない、頭脳は普通、学者としての将来性はない、と答えたそうで、結局結婚を許されなかったという。彼はそれに傷つけられて、大学院へ行くことをやめ、商社に就職をした。私はその話を彼から聞いて、指導教員に怒りを感じた。そして大学の先生とは、政治家以上に俗物だと心から思った。

その友人は私にマルクス主義について多くを教えてくれた。そして、宗教的倫理観は社会革命の障害になると言って、多くの実例を歴史の中から拾い上げて教えてくれた。そして、エンゲルスの『家族・私有財産・国家の起源』を貸してくれた。その本が私のフェミニズム理論の入門書となった。大学三年生の時にボーヴォワールを知るまで、私は、彼によってカトリックの受難と殉教、罪と罰、そして裏切りと拷問への恐怖から抜け出せたと考えていた。その友人は、経済成長期の商社で優れたビジネスマンとなり、社を代表する経済人となった。学者にとっては俗物かもしれないが、彼らのようにいやらしいところのない清々しい人だった。

コーラスの思い出はなんといっても夏季の合宿だった。指導者の柳川先生は神経質で怒りっぽかったが、センスのいい方で、先生の選ぶ曲を歌うと胸がいっぱいになり、涙が出るほどにその歌の世界とメロディーの美しさに酔いしれることができた。特にコーラス最後の年の野尻湖の合宿では、私は好きな人と付かず離れずのままで、とても物足りなく寂しかった。野尻湖は軽井沢と同じく外国人が開発したリゾートだが、軽井沢とは反対に一切のコマーシャルな開発を禁じていて、自然がそのまま残っているところだった。黒姫山と妙高が見えて、何もない湖畔に国際村という外国人家族が夏を過ごすコミュニティーがあるだけで、実に静かな湖畔一帯だった。

後になって私は好きになった彼から、私と付き合ってもいいが、決して手を触れないことという約束を母からさせられていたということを聞いて、母に憤慨した。就職先の延岡へ赴任していく彼を私は見送りに行かなかった。彼は大学院に行くことを望んでいたが、その経済的な余裕がなかった。私も早く家を離れなければと思い、アメリカ留学の準備を始めた。それ以外に私は家から離れる方法が見出せないのだった。

大学四年生になると、卒業単位はすでに十分取っていたので、大学の授業に出ることは少なくなったが、英語での卒業論文を仕上げることと、教職課程の実習の単位を取って教職免許をもらうことが課題だった。東京女子大に行ったら教師にはなれないと祖母に言われたので、なんとしても教職免許は取らなければならないと張り切っていた。もっとも津田に行った雙葉時代からの親友は、先生なんて嫌ですよ、と外資系のシェル石油会社にさっさと就職を決めて、当時では最も高いビルだった霞が関ビルの最上階の会社に連れていってくれたりしていた。

英語がよくできても、教えることは全く別の仕事なのだった。教授法の授業はとっていたと思うが、その頃はまだ英語教師という職が専門化されていなくて、そのための資格もなかった。何よりも学生たちに信頼されて、良いコミュニケーションがとれるように仲良くならなければならない。全く自信がなかった。

実習先は自分で選ぶことができず私は泉南中学と決まっていた。中野区と杉並区の境にある町で、当時は、現在のように高級住宅地ではなく、あまり羽振りの良くなさそうな商店街があった。本郷三丁目から、できたばかりの丸の内線に乗って、終点の東中野まで通うのは、とても快適だった。私は実習初日の前の日に母と喧嘩をして、一晩中ベランダで泣き明かしたので、目がすっかり腫れ上がってしまっていた。白いカーディガンを着ていったこともあってか、初日から「白豚」というあだ名がついた。質問をすると、元気よく手を上げた生徒がwhite pigです、と答え、皆がゲラゲラ笑うのに、私だけがキョトンとしていたことがあった。それでも毎日が楽しく、最後に授業評価とアンケートに答えを書いてもらったところ、「はじめは白豚みたいだったけれど、だんだんとよくなった」と書かれていたのがあって、土俵際でうっちゃりで勝ったような得意な気持ちになった。

担当の先生は英文学を研究された方で、ダンテ・ガブリエル・ロゼッティで卒論を書かれたということだった。ロゼッティに憧れていた私は、昼休みや放課後に先生とよく話をし、詩人の妹で童謡作家のクリスティナ・ロゼッティの詩を毎晩お子さんに読んで聞かせるという先生に、いいお父さんだなと感心した。何週間か続いた授業が終わる頃に、その先生が、連れていきたいところがあると言って、障がい児を受け持つ学校の授業参観に連れていってくださった。休み時間には元気に校庭で跳び回る生徒たちに感心していると、先生は、その中の一人が、ご自分の子供だと教えてくれたのだった。

後年ロンドンのロゼッティの家を訪ねた時、私はその先生と校庭を駆け回っていたお子さんのことを思い出し、多くのことを学んだ実習だったとつくづく思ったのだった。

教育実習が終わってから、生徒さんが会いたいと言ってきた。一人は英語によくついてきていたが、高校進学をしないと言っていた子で、私は彼を後楽園のジェットコースターに乗りに連れていった。お母さんが病気がちで、お父さんはハンカチタクシーをしているという。それがどんなことかよく知らなかったが、個人タクシー制度はなかった頃だから、それに似たようなことではないかと思った。何が食べたいと聞くと、即座にトンカツと言うので、二人で後楽園前のトンカツ屋でお昼ご飯を食べた。無邪気さがいっぱい残っている中学三年生とはこんなに可愛いものかと、その姿を今日まで忘れることはない。

もう一人はクラスでも大変よくできた子で、薬局をしている家業を継ぎたいと言っていた。お父さんが結婚したのが遅かったので、もうかなり歳をとっているから、早く薬剤師の免許を取らなければならないと、決意に揺らぎがなさそうだった。ずっと後になって、一九七八年頃だったと思うが、私は当時のNHK第二の教育チャンネルで佐藤忠男さんと「自分学の勧め」というテーマの「女性学の出発」という番組で女性学の話などをする対談をしたことがあった。その時、この福田君という子が電話をかけてきて、再会をした。彼はきっと三十歳半ばを超えるくらいになっていたのではないかと思うが、立派に薬剤師の免許を取って、薬局を運営しているということだった。同じ薬剤師免許を持つ女性と結婚していて、薬局を二軒運営していると言っていた。トンカツ君のことを尋ねたが、交流はないようだった。

四年生は卒業論文の執筆でほとんどの時間を費やした。コーラスの友人たちは皆卒業していたし、登山は東京女子大のワンダーフォーゲルの仲間たちとすることが多くなっていたが、秩父が中心の日帰りの登山が主になった。南アルプスに他の友人と登ったが、ひどい嵐に襲われて、数日山小屋に閉じ込められたことがあった。家への連絡の仕方がわからず、早稲田大学の山岳部の人たちが雨の中を下山するというので、家への伝言を頼んだ。彼らは親切だったが、家ではかえって大騒ぎになり、帰ってから、登山した人たち全員が呼ばれてひどく叱られることになり、私は大変かっこが悪い思いをした。遭難にでもなれば本当に大変な迷惑をかけることになると思い、それ以来、なんとなく登山には気後れがするようになった。私は北アルプスの燕岳《つばくろだけ》の麓にある中房温泉に卒業論文を書くために逗留した。母は一緒に燕に登ったことがあるので、よく知っている場所だと簡単に一人で逗留することを許してくれた。また、那須高原の旅館へも雙葉や東京女子大の友人と論文書きに逗留した。

その那須の老舗の旅館の初代主人の妻の人が旅館の奥の部屋に住んでいて、私はそこへ話に出かけることがあった。父がその人を発見して面白い人だよと言っていた。その女性はもう相当の歳だったが、尾長鶏を買っていて、朝、被せていた袋を取ると、その鳥は「天皇陛下ば」と言うのである。父はその女性から天皇陛下万歳と教えたのだが、どうしても「天皇陛下ば」で終わってしまうのだという説明を聞いたそうである。父はその主人は反戦運動をしていたに違いないと、鳥と主人の奥さんを面白がっていた。

那須連山の縦走も楽しかった。活火山で硫黄を吹いている茶臼岳を越えて、三斗小屋の方へ降りていくと広い火口の高原が広がって、お花畑が美しい。電気のない小屋で泊まるのも楽しく、アルプスとは違った山へ入る醍醐味があった。英文の論文を書き終えて、私たちは達成感と一端の学者気分で山を下り、口頭質問の準備を始めた。その論文は今では思い出すのも嫌なほど幼稚な英国ロマン主義のコールリッジの想像力論研究で、どこかにやってしまったが、しかし、コールリッジはその後も想像力について考える時の原点となり続けている。

東京女子大では雙葉からの友人の他に多くの優れた女性と友達になることができた。その中でも中澤典子さんという大変鋭い批評精神を持つ友人を心から信頼するようになった。彼女はNHKに就職をして矢継ぎ早にアフリカの独立に関するニュース番組を担当した。私は彼女に、「才走っている」と言われた女性は、どのような道を選択すればいいのだろうか、と聞いたことがあった。彼女は、「才走った」などという言葉は実に嫌な言い方だね、男は女がどんなに鋭くても無視するが、女は、鋭い女を敵対視して、ちょっとよくできるとそういう言葉で貶めるんだよ、ましてや、若い女の子に対してそんなことを言う先輩の女性は嫌なやつだね。女が若い女の子の才能をつまみ取ってしまうのだから、と言った。私はそのコメントで、霧が晴れたように頭がすっきりとした。その後中澤さんはNHKに馴染めず、結婚・出産の後、やめてしまったと聞いた。生涯の親友となった尾本圭子さんは出会った頃は、どうしようもないお嬢様育ちだったが、卒業後フランスに留学し、ソルボンヌ（パリ第四大学）でM・Aを取得した後、ギメ美術館の司書として長くフランスで働き、住み続けた。一人娘の彼女も、家から脱出する願望を持ち続けたのだろうと思う。

東京女子大で私が感銘を受けた授業に、太田三郎先生の比較文学論があった。先生はサダキチ・ハートマンという日系のドイツ系アメリカ人のアーティストの研究をされた方で、のちに私がカリフォルニアのリヴァーサイドに住むことになり、カリフォルニア大学リヴァーサイド校にサダキチ研究者のジョージ・ノックス先生がいられることを知って狂喜したのだった。サダキチはリヴァーサイドの近くのモランゴ・インディアンリザーベーション(居住地)に住み、そこで亡くなったのだった。そのことを知るのはずっと後のことだったが、私は太田先生から比較文学という分野がまだ正式に市民権を持たない文学研究の分野であることや、文学研究とは比較文学的視点を持たなければいけないという意見を教えられて大変興味を持った。

大学院は都立大学と決めていた。加納秀雄先生、小津次郎先生、篠田一士先生、佐伯彰一先生などがおられた都立大学以外に考えることはできなかった。その上島田謹二先生という比較文学者が都立大学で教鞭をとられていたのだから、私は是非先生の教えを受けたいと思ったのである。

一九六〇年、私が大学を卒業した年あたりには、キューバ革命（一九五九年）、アフリカ諸国の独立と、本格的なポスト・コロニアル体制が旧植民地を塗り替えていく時代が幕を開けようとしていた。学生運動も激しさを増していって、都立大の大学院の学生の間でも会合が盛んに開かれた。個人でデモに参加するのではなく、団体として参加するべきだという意見が強かった時代だから、会合はいつも長引いてまとまらなかった。大学院生は政治的でない人が多く、自分たちは研究者なのだから、ペンで戦おうと主張する先輩を私は心から軽蔑した。これまでの歴史で、ペンで権力体制を覆した例があっただろうか。

日米安保条約の改定反対、アイゼンハウアー大統領の訪日阻止のデモンストレーションが高まりを見せ、女子大からも多くの学生が国会デモに参加した。私も母には内緒で参加した。国会乱入、そして樺美智子さんの死と戦後史の節目となる大きな事件が起こる中で、私は、鶴見俊輔さんとボーヴォワールに心酔して、宗教からも、マルクス主義的革命の呪縛からもすっかり抜けた。あとは自分で決断すること、そしてアンガージュマンだけだと考え、それができる人間になることを願って勉強すると心に決めていた。

カミュにも心酔したが、サルトル・カミュ論争ではサルトルの方が正しいと思った。ハンガリー侵攻についてのサルトルの論文にも心から賛同していた。

私は詩を書いていたが、どこにも発表していなかった。ボーヴォワールに心酔してから は、自分もどこかの同人グループに属して表現活動をしたいと思うようになった。私が選んだのは「ぶーめらんぐ」というかなり左寄りの詩人たちのグループで、『詩組織』という雑誌を出していた。私が気に入ったのは、その結成の経緯の説明に、当時の詩の雑誌『現代詩』の新人賞に応募して次席となった人たちで結成した、ということだった。次席たちのグループというのがなんとも性に合っているように思えたのである。

詩とエッセイを送ると、グループのまとめ役の伊豆太朗さんが私に会いに家にやってきた。ところがその日はちょうど父が第一次池田内閣の大蔵大臣になった日で、家は人でごった返し、家の前の道に酒樽がずらっと並んでいた。伊豆さんはさぞびっくりしたことだろう。左翼詩人たちの仲間に入りたいという若い女性が、自民党の大蔵大臣の娘だったのだから、これはいけない、と思ったに違いない。ところが、伊豆さんは少しも慌てず、私の部屋に上がって、色々とグループのメンバーや活動のことを説明してくれた。それで無事入会が決まって、私は以後『詩組織』に詩やエッセイを発表することになった。

そこで私は三木卓、中川敏、中島ひろし、谷敬、伊豆太朗、高良留美子、しま・ようこ、渥美育子さんらと知り合いになり、すでに優れた業績を持つ同人たちから学ぶことばかりだった。初めての詩集『春の終りに』の出版はずっと後になってからだが、詩はほとんど全てその頃に書いたものである。

大学院の課題は、イギリスのユートピア文学について書けというもので、アメリカにユートピア村の建設を夢見ていたコールリッジと、その実現を小説にしたホーソンのことなどで、トーマス・モアの伝統と、H・G・ウエルズのアンティ・ユートピアのことなど、張り切ってエッセイを書き、ますます都立大学が気に入った。

その試験の時に私は一人の風来坊のような詩人・作家に出会った。その人は不合格だったが、それ以後よく大学へやってきて、私はその都度捕まって話を聞かされた。ほとんどがフォークナーとポオの話で、惹き込まれる解釈だった。翌年その人は東大の大学院でフォークナー研究者となり、また作家としても認められ、そして、そそくさと亡くなってしまったのだった。振り返る時、私はその人からポオの話を聞かなければ、私のポオ論はなかったと思う。父に大学院へ行くことを話すと、そうかいと言っただけだった。

私は大学時代を含めて、親から見合いをしろと言われたことは一度もなかった。留学が決まった時も、父は、ただ、そうかい、と言った。

卒業式がどうだったかは覚えていないが、その後の謝恩会には振袖を着て出席したことを覚えている。フランク・ロイド・ライトの帝国ホテルでの会で、ただ食事をしただけだが楽しい謝恩会だった。私はおかっぱ髪で、登山で日に焼けていて、なんとも女らしい姿ではなく振袖が似合っていない写真が残っている。友人の中には中退して結婚した人もいて、それでも謝恩会には出席したが、振袖は結婚した女性は着られないのだと嘆いていた。

その振袖は留学の時、いらないと私が言うにもかかわらず母がトランクの一番上に入れて、アメリカに着くまでに誰かに抜き取られてしまった。ホストファミリーが、保険にかかっているのだからと色々手続きをしてくれて、数ヶ月も経ってから、東京の実家に帰ってきたということである。

第九章　西片町の家（三）——大学院時代

私は西片の家から都電十九番に乗って本郷三丁目に出て、そこから地下鉄丸の内線で池袋、そこから渋谷に行き、さらに東横線で都立大学まで通った。都立大学はまだ柿の木坂にあり、地下鉄丸の内線はできたばかりだった。東京女子大へはお茶の水から中央線で西荻窪まで乗り換えなしだったから比較的簡単だったが、都立大学へは何度も乗り換えなければならなかった。渋谷や新宿は寄り道禁止令が母から出されていて、大学生の時もあまりふらつかない地域だった。本屋は日本橋の丸善一本槍だった。

大学院へは東京女子大からは三人が進学して、その中の一人は長谷川さんという雙葉時代の一年先輩の人だった。才媛で鳴らした人で、女子大卒業後は一年助手として採用されていたので、一年遅れで私と大学院で一緒になった。彼女はT・S・エリオットで論文を書き、女子大の論文賞をもらった人だが、シェークスピア研究会の花形でもあった。すらりとした格好と淡麗な顔立ちで、いつもハムレットなどの主役を演じていた。私は一年生の時シェー研に入ったが、裏方を務めた後、かなり早いうちに辞めてしまった。

私より一年遅れで、今でも親友の風呂本惇子さんが入学してきた。当時は井上敦子さんといって、この人は疎開先が館山で、小学校時代に一緒だった。私のわんぱくぶりだけをよく覚えていて都合が悪かったが、大変嬉しかった。女子大時代には、彼女が一年下にいることを知らなかったのだった。

作家や詩人、評論家たちは私たちの歳になるまでにすでに多くの書物を書いていたのだが、私はやっと『詩組織』で表現の場を持ったばかりだった。東京女子大でもそうであったが、私は先生方の授業から多くのことを学び、それは知識と同時に文学批評の視点についてであり、大変刺激的だった。それは都立大ではさらにそうで、まず、佐伯彰一先生の失われた時代の作家研究、篠田先生の授業でエズラ・パウンド、そして島田謹二先生とはドン・キホーテを読む授業だった。先生方の知識の凄さと明晰で独創的な解釈と分析には圧倒されて、いくら頑張っても将来はこんな知の巨人にはなれないと観念した。

林信行先生の授業で一年半かけてフォークナーの *Hamlet*、*The Town*、*Absalom, Absalom!* とロバート・ペン・ウオーレンの *All the King's Men* を読んだ。フォークナーは研究対象にしたいと決めたが、先生の授業で忘れられなかったのは、*All the King's Men* を精読したことだった。実在のヒューイ・ロングというポピュリストの政治家をモデルにした、彼と彼の台頭による社会変容に翻弄されながら身を持ち崩す南部の没落貴族階級の女性の話で、私はその滅びゆく文化の物語と歴史的背景の複雑さ、アメリカの南部の悲劇に没入して、夢を見るような経験だった。一年後にイェール大学の大学院に留学した時、ロバート・ペン・ウォーレンが教鞭をとっていることを知って驚愕した。憧れの作家にお会いしたいとオフィスを訪ねた時は、足が震え、声も出ないのだった。先生はその頃日本人の若者にナイフで刺されて怪我を負ったライシャワー大使について心配されていた。自分のどの作品が好きかと聞かれてやっとの思いで *Blackberry Winter* と答えると、自分もかなり気に入っていると答えられた。そして日本のことを知りたいので、また来てください。次はもっとリラックスした場所で会いましょうと言ってくださった。私はあのように没入した小説の作家に会えただけでイェールに来て良かったと思ったのだったが、立派な紳士の姿に圧倒されてカジュアルにお会いすることは滅多になかった。

フォークナーとペン・ウォーレンの授業では同じアメリカ文学専攻の長田光展さんと知り合いになり、私は彼の文学的センスと批評に対する考え方に深く尊敬の気持ちを持つようになった。静岡大学出身の彼は実に素朴で衒《てら》いのない人で、その率直で厳しい意見に私は目を開かれる思いをしたことが多くあった。その頃彼は結婚をしていたと思うのだが、だいぶ後になって私たち家族がカリフォルニアに住むようになってから、二人の男の子と家族四人で訪ねてきてくれたことがあった。彼はアメリカの演劇を専門とするようになっていて、南部文学の研究は続けなかったようだったが、それでも、私たちは昔のようにフォークナーやロバート・ペン・ウオーレンの話をもっぱらしたのだった。若い感受性に捉えられた勉強の記憶は、生涯ずっと底流となり続けているのだと思う。

都立大大学院では『詩組織』の同人の中川敏さんも同級生だった。彼は筋金入りの左翼詩人だが、批評の勉強をしていて、イギリスの批評家マシュー・アーノルドを研究していた。ギリシャに詳しいアーノルド研究のためにギリシャ文明の歴史、神話、哲学者、悲喜劇の勉強に精を出していたし、またルカーチについても色々と教えてくれた。中川さんとはそれからもずっと友人でいられたのは幸運だった。

私は『詩組織』の会合によく出るようになり、そこでも反体制批評家たちの論議に教わることも多く、思考を大いに刺激された。私はW・H・オーデンやスペンダーの政治と文学（詩）の二分法を批判するエッセイを『詩組織』の入会の時に送っていたので、のちにやはりイェールでオーデンの授業を聴講した時は、その内容の難解さに、改めて自分が何も知らないこと、そして当時の自分の「才走り」ぶりを反省したのだった。

『詩組織』では図らずも、のちにフェミニズム批評を展開し深めた女性たち四人、そしてもう一人とよださなえさんという詩人が集まって、それ自体が大変稀有なことだったような気がする。その当時はフェミニズム批評について誰も論じなかったが、誰もがボーヴォワールを読み、その上に、私を除いて、誰もが結婚や恋愛を通して、個人的にも男性的自我との葛藤の経験を持っていて、フェミニズムの基本的な女性経験をしていることがわかった。女性たちの性差別経験はまず最も身近な、信頼していた男性との経験からなのである。個人的なことは政治的なことというフェミニズム第二波のスローガンは全く的を射ていた。私だけが、男性との踏み込んだ関係がほとんどなく、恋愛と言えるものも、実際にはプラトニックなものばかりだったのである。私は数人の男友達、そして多くの女友達がいたが、皆、幼友達というカテゴリーの、身内のような関係だったのだと思う。私のフェミニズム開眼は、アメリカでの経験によってだった。

大学、大学院時代は、登山と読書と、詩を書くことが中心の、中でも、世界文学の乱読と素晴らしい教授、批評家の方たちに直に接して多くを学ぶ、という夢のような時代だったと思う。文学や作品については多くを読み、知り、興味を持って探索した一端の文学青年ではあっても、人生に関しても、そして性に関してもかなりの晩生《おくて》だったのである。抽象的な世界を浮遊していたのだった。現実との葛藤は切実ではなく、それでも家族、大学、詩の仲間、そして日本という場は、自分の居場所ではないという漠然とした孤独を常に持っていた。大学院では女性の教員には出会わず、女性文学の講義もなかった。

その孤独がどれほど私の青春にとって本質的なものであったかはその当時わかるはずもなかったが、アメリカで勉強するようになって、孤独についてもっと現実との関係において考えるようになったことは確かだった。

大学院へ進学した当時から、私はアメリカ文学を専攻し、アメリカへ留学したいと心に決めていたので、留学先の大学選びを始めていた。当時はアメリカでも女性を受け入れるところはあまりなく、プリンストン大学からは、女性は受け入れませんという手紙をもらった。アメリカでも女性教授はほとんどいなかったので、教授の性別は私の意識の課題にはなっていなかった。一九七〇年になって、アメリカでの女性学が台頭してきて初めて、女性の終身雇用資格を持つ正教授が、男性教授のほんの一%ほどであることが明らかになった。

一九六一年には、シルヴィア・プラス、アン・セックストン、エイドリアン・リッチ、ダイアン・ワコスキ、マヤ・アンジェロウ、デニス・レヴァトフ、日本でも石垣りん、茨木のり子、富岡多恵子、白石かずこ、吉原幸子、高良留美子などの女性詩人はすでに多くの読者を持つ詩人として活躍していた。それにもかかわらず文化を研究し、分析、解明、批評する学者や批評家に女性は大変少なく、女性作家・詩人の書かれたものが、学問分野のカノン（規範書）に入ることはほとんどなかったのである。

したがって、大学院選びはジェンダーの意識が不在のまま進められた。フォークナーを研究したいということも、ジェンダーとは関係なかったし、指導を受けたい教授に関してても同じだった。親からお金を出してもらって留学はしない決意だったので、奨学金が一番良かったイェール大学に決めた。それでも足りない分はフルブライト奨学金に申し込みをした。

その面接で、私はアメリカという社会、文化の歴史と現実との関係において文学を研究したいと出願書に書いたのだが、イェールはそれとは反対の文学理論、批評理論を提唱する教授が多いことで知られているではないかと聞かされて、初めてなるほどと思った。考えてみれば、私は学者になりたくて留学を希望したのではなく、まず文学を勉強し続けたかったのだと思う。そして、家から自立したかった。大学時代にサダキチ・ハートマンを知って以来、彼は私のヒーローだった。サダキチは私にとっての詩人のモデルで、多くの知識と鋭い感性、想像力を持ちながら、どのような組織にも属さず、社会の権力から最も遠いところで、生涯の旅人として、風来坊として文芸・映画に関わって生きた詩人だった。母の国日本は、成人してからも一度も訪れたことのない夢の国で、父の国ドイツでも、そしてアメリカでも異邦人であることが彼の自己存在意識を形作っていた。アメリカに行くことは、どこかそのような旅に出る気持ちだったのである。

おわりに　出発

　大学時代のコーラスの友人が同じ時にＭＩＴに留学することになり、一緒に英会話の勉強をしようと言ってきた。母の紹介で長年イギリスに住んでいた高齢の女性に教わることになった。ところがその女性は、アメリカに行くと聞くと軽蔑の念をあからさまにして、自分はアメリカ英語を話さないし、わからない、言語は文化と密接に結びついていて、自分はアメリカの文化に全く興味がないので、留学のためのお役には立てない、とすぐに破門されてしまった。そこで友人が逗子に住む退役軍人を探してきて、数回一緒にレッスンを受けに行った。

　私は英語には困らないと思っていたし、元軍人と聞いて、それこそ文化の違いがあるだろうと思ったし、その上逗子まで大変遠かったので、初めから乗り気ではなかった。その先生はロバート・ヤングさんと言ったが、まだ三十代で友人と一緒に海辺の家で暮らしていた。戦争は嫌だと言い、日本で暮らしたいと言って、友人と二人暮らしをしていた穏やかな人で、軍人らしさが全くなかった。のちに一九六〇年代の後半に都立大学での恩師佐伯彰一先生がミシガン大学で教鞭をとられていた時に、私の書いたものを見た先生の学生の一人が、自分はこの人を知っている、と言ってきたという。その人がヤングさんだった。彼は日本が好きで、結局は日本文学者となって大学で教えるようになった。

その年、小津次郎先生がイェール滞在から帰られたので、お話を聞きに、お宅へ伺った。イェールの演劇部は多くの脚本家、監督、俳優を輩出して、ニューヨークのオフ・ブロードウェイの演劇が上演される前に最初にイェールで公開されることで有名だった。まず菓子折りを差し出すと奥様から、そのような儀礼的なことはしてはいけませんと叱られて、菓子折りを返されてしまったのがショッキングだった。イェールでの生活のお話もたくさんしてくださったが、やはり中心は演劇のことで、私もイェールやニューヨークでよく演劇を観るようになったのは先生のお話が大変刺激的だったからである。

父と母には留学することの手続きが全て終わってから話した。反対されるだろうと心配したからである。ところが、大学院に行きますと告げた時と同じように、父は、そうかい、もう決まったのと言っただけで、少しの反対も難色も示さなかった。母は服や身の回りの品はどのくらい用意すればいいのかとか、アメリカで世話をしてくれる知人を探そうとしたりと、具体的な準備に懸命になった。

当時は日本人は二百ドルしか海外に持ち出せなかったし、一ドル三六〇円の時代だったから、父からはお金を出してもらわずに留学できることになった。手続きも全て自分一人で行ったので、父母は内心驚いていたのではないかと思う。しかも奨学金は少なく、生活が大変だろうことを、私は想像もしなかったが、父や母はかなり心配していたそうである。海運会社の役員をしていた母方の伯父が、なんとかしてドルを工面してニューヨークの支社から届けると言ってくれたそうだが、私にはそのありがたさが実感できなかった。

留学が決まったのは四月で、出発は七月の予定だった。準備といってもあまりなく、部屋の片付けなどもほとんどしないままだった。『詩組織』の仲間たちが送別会をしてくれたが、それは惨憺たるものだった。安保条約やアイゼンハワー来日阻止運動に参加している左翼詩人たちから、アメリカがそんなに好きか、とかいろいろ皮肉を言われたりからかわれたりした挙句、キャデラックに乗ってキスをして来いとか、意地悪ばかり言われた追い出しコンパだった。私をいじめることが応援することだったのだ。私が全然こたえなかったので、皆図に乗っていたのだ。それでも羽田に見送りに来てくれた人もいて、私は思わず涙ぐんでしまったのだった。詩人とは優しい人種なのである。

出発の寸前に父の母、水田の祖母が亡くなった。私と父は一緒に九重水岡の半沢の伯母のところに駆けつけた。祖母は晩年曽呂村から娘のところに来て暮らしていた。祖母はほとんど目が見えなくなっていて、手術を勧める子供たちに、目が見えなくても平気だと言って手術を受けず、家の中を一人で動いて暮らしていた。父はこの祖母に可愛がられて育ち、特別に母思いであったが、戦後の復興とともに、故郷に花を咲かせた息子を誇りに思っていたに違いない。それでも東京に来ることはなく、自分の知っている場で悠々と暮らし続けたのである。祖母は水田とは親戚筋にあたる田村家の長女で、十三歳の時に祖父の家に嫁として連れてこられて、しばらくは祖父の母と一緒に寝ていたそうである。十四歳の時に長男を身ごもって、結婚式を挙げることになったという。祖父が村長をしていたので、村会がよく家で開かれたそうだが、そんな時には台所から手を拭きながら祖母が出てきて、それはこうするのがいいのでは、と意見を言いそれで決まりとなった、という話をよく聞いたものだった。

父と私は内房線に乗ってトンネルをいくつもくぐりながら房総へ帰ってきた。父と二人だけで汽車に乗った経験は初めてだったように思う。父は、これでひと時代が終わるな、と言い、私に体に気をつけるんだよ、と言った。母を亡くした父は娘との別れも惜しむ気持ちだったのだと思う。それが父の送別の言葉だったのだ。

真夏だったので、田舎で氷が多く手に入らないこともあってか、祖母は薄い一枚の布のような着物を着せられて、廊下に寝かされていた。私も父もその姿に驚いたが、私は祖母の小さな色の白い体に感動した。この人が私の起源であるのだという感慨を強烈に感じたのだった。この姿を決して忘れないでいようと、私はアメリカへの出立の記念写真のように心にしまい込んだ。母が後から駆けつけて棺桶や花、そして氷の手配をして、通夜の支度を整えた。

私は出発が近いこともあって、一足先に東京へ一人で帰ることにした。途中、勝山の駅で下車して、りっちゃんに会っていこうと思った。昔とあまり変わらない駅から田んぼを通って松林に向かう長い道を歩いていくと、その向こうに赤ん坊をおぶった昔と変わらないりっちゃんが立っていた。りっちゃんは相変わらず昔借りていた家の前にある工場小屋のような家に住んでいたが、子供たちが大勢になって、狭い家の中はどこか幸せそうな気配だった。相変わらず無口で、私ばかりがいろいろ質問をして近況を教えてもらったが、駅まで見送りに来てくれたりっちゃんを抱きたいような気持ちが湧いてくるのを抑えることができなかった。汽車に乗るとりっちゃんが泣いているのがわかり、私も涙が止まらなかった。プラットフォームに立っている姿はますます小さくなって、この人も私の人生のレガシーの大切な一部だという気持ちが強くなり、これで旅に出ることができる、という安堵の気持ちになったのだった。

水田宗子（みずた・のりこ）

詩人、比較文学、女性学研究者、批評家。

1937年東京市大森区馬込生まれ。雙葉高等学校、東京女子大学英文学部卒業、東京都立大学大学院修士課程、米国イェール大学で修士号、博士号を取得。メリー・マウント大学、獨協大学、米国スクリップス大学、南カリフォルニア大学で助教授や准教授を歴任し、城西大学、城西国際大学の教授、学長などを経て、学校法人城西大学理事長を務めた（2005-2016）。一般社団法人国際メディア女性文化研究所所長（2017-現在）。ハンガリー文化勲章(2011)、スウェーデン北極星勲章(2016)、国際詩賞「チカダ賞」(2013）を受賞。

詩集に『春の終りに』（八坂書房、1976)、『現代詩文庫 水田宗子詩集』（思潮社、2016)、『音波』（思潮社、2020）ほか多数。

評論に『ヒロインからヒーローへ――女性の自我と表現』（田畑書店、1982)、『フェミニズムの彼方――女性表現の深層』（講談社、1991)、『物語と反物語の風景――文学と女性の想像力』（田畑書店、1993)、『山姥たちの物語――女性の原型と語りなおし』（北田幸恵と共編著、学芸書林、2002)、『女性学との出会い』（集英社、2004)、『尾崎翠――『第七官界彷徨』の世界』（新典社、2005)、『モダニズムと〈戦後女性詩〉の展開』（思潮社、2012)、『大庭みな子　記憶の文学』（平凡社、2013)、『奪われた学園』（幻冬舎、2017)、『詩の魅力／詩の領域』（思潮社、2020)、『富岡多惠子論集――「はぐれもの」の思想と語り』（共著、めるくまーる、2021)、白石かずこの世界――性、旅、いのち』（書肆山田、2021)、『吉原幸子　秘密の文学――戦後女性表現の原点』（思潮社、2023）ほか多数。

崖の上の家
父なるものの凋落と復活

2024年10月30日　初版第1刷発行

著　者　水田宗子
発行者　大江道雅
発行所　株式会社 明石書店
〒101-0021　東京都千代田区外神田6-9-5
電話　03（5818）1171
FAX　03（5818）1174
振替　00100-7-24505
https://www.akashi.co.jp/
装丁　清水肇（prigraphics）
印刷　株式会社文化カラー印刷
製本　本間製本株式会社

（定価はカバーに表示してあります）　ISBN978-4-7503-5837-6

ジェンダード・イノベーションの可能性
小川眞里子、鶴田想人、弓削尚子編著
◎2700円

ジェンダーに基づく暴力の連鎖を断ち切る
被害者／サバイバー中心ガバナンスによる包括的アプローチ
経済協力開発機構（OECD）編著　濱田久美子訳
◎3800円

政治分野におけるジェンダー平等の推進
フランスと日本の女性議員の実情と意識
冨士谷あつ子、新川達郎編著
◎3500円

それ、フェミニズムに聞いてみない？
日々のもやもやを一緒に考えるフェミニスト・ガイド
タビ・ジャクソン・ジー、フレイヤ・ローズ著　惠愛由訳
◎2200円

性差別を克服する実践のコミュニティ
カナダ・ケベック州のフェミニズムに学ぶ
矢内琴江著
◎3600円

マチズモの人類史　家父長制から「新しい男性性」へ
イヴァン・ジャブロンカ著　村上良太訳
◎4300円

フェミニズムズ　グローバル・ヒストリー
ルーシー・デラップ著　幾島幸子訳
井野瀬久美惠解題　田中雅子翻訳協力
◎3500円

フェミニズムとわたしと油絵
「描かれる女性」から「表現する女性」へ
金谷千慧子著
◎2800円

ハロー・ガールズ　アメリカ初の女性兵士となった電話交換手たち
エリザベス・コッブス著　石井香江監修　綿谷志穂訳
◎3800円

ホワイト・フェミニズムを解体する
インターセクショナル・フェミニズムによる対抗史
カイラ・シュラー著　飯野由里子監訳　川副智子訳
◎3000円

トランスジェンダー問題　議論は正義のために
ショーン・フェイ著　清水晶子解説
高井ゆと里訳
◎2000円

ジェンダーと政治理論　インターセクショナルなフェミニズムの地平
メアリー・ホークスワース著
新井美佐子、左髙慎也、島袋海理、見崎恵子訳
◎3200円

同意　女性解放の思想の系譜をたどって
ジュヌヴィエーヴ・フレス著　石田久仁子訳
◎2000円

ウイスキー・ウーマン　バーボン、スコッチ、アイリッシュ・ウイスキーと女性たちの知られざる歴史
フレッド・ミニック著　浜本隆三、藤原崇訳
◎2700円

第三の性「X」への道　男でも女でもない、ノンバイナリーとして生きる
ジェマ・ヒッキー著　上田勢子訳
◎2300円

女性の世界地図　女たちの経験・現在地・これから
ジョニー・シーガー著
中澤高志、大城直樹、荒又美陽、中川秀一、三浦尚子訳
◎3200円

〈価格は本体価格です〉